Wie Georg den Drachen bezwang

und 51 weitere Legenden
für jede Woche des Jahres

Wie Georg den Drachen bezwang

und 51 weitere Legenden
für jede Woche des Jahres

erzählt von
Max Bolliger

mit Illustrationen von
Andreas Röckener

Herder
Freiburg · Basel · Wien

Alle Rechte vorbehalten – Gedruckt in Spanien
© Verlag Herder Freiburg im Breisgau 1994
Herstellung: Gráficas Santamaria, S. A., Vitoria-Gasteiz 1994
ISBN 3-451-23540-4

Inhalt

SEPTEMBER

OKTOBER

NOVEMBER

DEZEMBER

Ein großer Lehrer

Basilius

2. JANUAR

Basilius wurde um 330 in Cäsarea, dem heutigen Kayseri in der Türkei, geboren. Er studierte in Konstantinopel und Athen. Nach Abschluß seiner Studien wirkte er als Lehrer in seiner Heimatstadt. Besonders interessierte ihn das Leben der Mönche und Eremiten. Zusammen mit seinem Freund Gregor von Nazianz, dem Sohn eines Bischofs, unternahm er eine Reise durch Ägypten, Palästina und Syrien, um die berühmtesten von ihnen kennen zu lernen. Beeindruckt von dem Leben der Einsiedler, verschenkten die beiden jungen Männer nach ihrer Rückkehr ihr Vermögen und zogen sich in die Einsamkeit zurück. Gemeinsam erarbeiteten sie die Regeln für einen neuen Orden. Andere Männer folgten ihnen. Sie nannten sich Basilianermönche.
Im Jahr 364 wurde Basilius vom Bischof von Cäsarea zum Priester geweiht und wurde dessen Nachfolger.
In Rom regierte zu jener Zeit Kaiser Valens. Er gehörte jener Gemeinschaft von Christen an, die sich gegen den Glauben wehrten, Christus und Gottvater seien eine Einheit und einander gleichzustellen. Sie nannten sich Arianer.
Eine Kirchenversammlung in Nicäa im Jahre 325 hatte diesen Glauben als Irrlehre erklärt.
Der aus den verschiedenen Ansichten entstandene Arianische Streit bewegte die Menschen bis ins siebte Jahrhundert.
Auch Basilius stellte sich gegen die Arianer, was ihm die Feindschaft des Kaisers eintrug.
Basilius starb am 1. Januar 379 in Cäsarea.

Wenn Basilius predigte, war die Kirche bis auf den letzten Platz gefüllt. Er war es, der zum erstenmal das Wort prägte: „Ehre sei dem Vater und dem Sohn und dem Heiligen Geist."

Es gelang Basilius, mehr und mehr Arianer davon zu überzeugen, daß ‚die Herrlichkeit des Vaters und des Sohnes gleich sei'.

Der Kaiser beschloß, persönlich mit Basilius zu sprechen. Er schickte seinen Präfekten Modestus voraus und befahl ihm, Basilius mit Versprechungen von seinem Glauben abzubringen, auch vor Drohungen nicht zurückzuschrecken. Mit diesem Auftrag bestieg Modestus den Richterstuhl und ließ den Bischof vor sich kommen:

„Dem Kaiser gehorcht die ganze Welt. Wie kannst du es wagen, etwas anderes zu glauben als er. Hast du keine Angst vor seiner Macht?"

„Wie weit geht denn seine Macht?" fragte Basilius.

„Er kann dir alles wegnehmen, was du besitzest."

„Ich besitze nur ein paar Bücher und die Kleider, die ich am Leibe trage. Nimm sie, wenn du willst", sagte Basilius.

„Der Kaiser kann dich auch in die Verbannung schicken", fuhr Modestus fort.

„Die ganze Welt ist für mich ein Ort der Verbannung", gab Basilius zur Antwort. „Mein Vaterland ist allein der Himmel."

„Und die Folter?" rief Modestus wutentbrannt. „Hast du auch keine Angst vor der Folter?"

„Nein", antwortete Basilius. „Schau mich an. Mein Körper ist so schwach und mager, daß es nicht viele Schläge braucht, um mich umzubringen."

„Fürchtest du dich denn auch nicht vor dem Tod?"

„Wie sollte ich den Tod fürchten, da er mich mit Gott vereinigt", sagte Basilius.

„Noch nie hat jemand den Mut gehabt, so mit mir zu reden", sagte der Präfekt.

„Es ist wohl auch das erstemal, daß du einem richtigen Bischof gegenüberstehst", meinte Basilius.

„Morgen kommt der Kaiser", sagte Modestus. „Ich warne dich. Überlege dir gut, was du zu ihm sagen wirst."

„Morgen", sagte Basilius, „werde ich der gleiche sein wie heute."

Bei dieser Unterredung war zufällig auch der kaiserliche Oberkoch anwesend, und als treuer Diener seines Herrn wollte er nun auch noch dreinreden, aber Basilius wies ihn freundlich zurecht und sagte:

„Verwende dein Salz lieber nicht in meiner, sondern in deiner Küche."

Als Modestus dem Kaiser von der erfolglosen Unterredung mit Basilius berichtete, ließ Valens ihn zu sich rufen.

Basilius ließ sich auch von ihm nicht einschüchtern.

Da beschloß der Kaiser, den Bischof in die Verbannung zu schicken. Aber als er den Befehl dazu unterschreiben wollte, brach nicht nur die erste, sondern auch die zweite und dritte Feder entzwei. Der Diener reichte ihm eine vierte. Da fing seine Hand so an zu zittern, daß es ihm nicht mehr möglich war, seinen Namen zu schreiben.

Valens erschrak. Er zerriß den Befehl und ließ Basilius von nun an in Frieden.

Viele von Basilius verfaßte Abhandlungen und Betrachtungen, auch seine Ordensregeln, sind erhalten geblieben.

Schon zu seinen Lebzeiten wurde er ‚Basilius der Große' genannt.

Ein großes Anliegen war ihm der Friede innerhalb der Kirche.

Basilius wird als Bischof – der lateinischen oder auch der griechischen Kirche – dargestellt, mit einem Kirchenmodell oder einer Taube auf dem Arm.

In der griechischen Kirche wird das Fest des Basilius am ersten, bei uns am zweiten Januar gefeiert. Im deutschen Sprachraum ist der 1. Januar dem Marienfest ‚Namengebung des Herrn' vorbehalten.

Simeon

5. JANUAR

Simeon war der Sohn eines Bauern und verbrachte seine Jugend als Hirte. Schon als junger Mann hatte er den Wunsch, ein Eremit zu werden. Er zog in die Syrische Wüste und wurde dort in ein Kloster aufgenommen. Seine Mönche waren berühmt für ihren asketischen Lebenswandel. Mit seinen Bußübungen aber übertraf Simeon alle andern. Um vor den Qualen der Hitze und der Kälte nicht davonzulaufen, schmiedete er sich mit einer Kette an einen Felsen an. Einmal stieg er in einen ausgetrockneten Brunnenschacht und wäre verhungert, wenn seine Brüder ihn nicht herausgeholt hätten. Er ließ sich einmauern und blieb vierzig Tage lang ohne Nahrung. Der Abt bat ihn, das Kloster zu verlassen und gab ihm den Rat, allein zu leben.

Berühmt wurde Simeon als ,Säulensteher'. Auf einer fünf Meter hohen Säule mit einer kleinen Plattform verbrachte er dreißig Jahre seines Lebens. Dies ist durch Dokumente und Zeugen bestätigt.

Viele verehrten ihn schon zu seinen Lebzeiten als Heiligen, andere sahen in ihm einen Gaukler und Betrüger.

Simeon starb im Jahr 459 auf seiner Säule.

Als Simeon sich entschlossen hatte, sein Leben auf einer Säule stehend zu verbringen, kamen die Leute von weither, um ihn zu sehen. Einmal in der Woche ließ er sich einen Korb mit Nahrung bringen, den er an einem Strick zu sich heraufzog.

„Warum tust du das?" wurde er immer wieder gefragt.

„Um dem Himmel näher zu sein", antwortete Simeon den Schaulustigen.

Sie belagerten seine Säule zu Hunderten.

Viele hielten ihn für verrückt.

„Er will sich wichtig machen und bewundert werden", meinten sie.

„Er ist ein Heiliger", sagten andere.

Auch der Bischof hörte von dem Mann und seiner seltsamen Art, Gott zu dienen.

Er wurde mißtrauisch.

Aber als er vernahm, daß es Simeon gelang, Kranke zu heilen, Streit zu schlichten, böse Geister auszutreiben und viele Zweifler zum Christentum zu bekehren, ließ er ihn gewähren.

In der Nähe der Säule hauste ein schrecklicher Drache.

Eines Tages fiel ihm ein ellenlanger dürrer Ast ins Auge. Er fing an zu toben und um sich zu schlagen, aber es gelang ihm nicht, sich von dem Ast zu befreien.

In seiner Not schleppte er sich zu der Säule Simeons. Die Leute, die unter der Säule standen, stoben schreiend davon. Sie glaubten nichts anderes, als daß der Drache es auf den Säulensteher abgesehen habe. Es würde für ihn ein leichtes sein, die Säule zu knicken und den Mann zu verschlingen.

Aber es geschah nichts dergleichen. Der Drache rollte sich am Fuße der Säule zusammen und zeigte Simeon das durch den Ast entzündete Auge. Ohne Furcht sah Simeon auf das Untier herab, und plötzlich fiel das Holzstück heraus.

Von den Schmerzen befreit, seufzte der Drache wohlig auf, streckte sich und blieb zwei Stunden lang ohne sich zu rühren auf der Erde liegen.

Nachher kehrte er in seine Höhle zurück und niemand brauchte sich mehr vor ihm zu fürchten.

Simeon wird auf einer Säule stehend dargestellt. Er ist der Schutzpatron der Hirten. Zu seinen Ehren wurde Ende des fünften Jahrhunderts in Antiochia eine Kirche gebaut, deren Ruinen noch heute zu sehen sind.

Drei Könige

Kaspar, Melchior und Balthasar

6. JANUAR

Zu den ältesten und bekanntesten Heiligen des Christentums gehören die Drei Könige. Wir wissen von ihnen aus der Bibel, dem Evangelium des Matthäus.

Bei Lukas sind es Engel, die den Hirten die frohe Botschaft von der Ankunft eines Erlösers verkünden, bei Matthäus ist es ein großer Stern am Himmel, der einigen Sterndeutern im Morgenland die Geburt eines neuen Königs verspricht. Erst bei den Erzählern aus dem 6. Jahrhundert werden aus den Sterndeutern drei Könige, wohl der kostbaren Geschenke wegen, die sie mitbrachten: Gold, Weihrauch und Myrrhe.

Die Geschenke sind nicht zufällig. Mit dem Gold wird die Königswürde des Kindes anerkannt. Mit dem Weihrauch wird es als Gott verherrlicht. Die Myrrhe ist ein Symbol für seine Sterblichkeit.

Die Namen Kaspar, Melchior und Balthasar bekamen die Könige im 9. Jahrhundert. Sie sind frei erfunden. Den Menschen galten sie auch als Symbol für die damals bekannten Menschenrassen: Afrikaner, Asiaten und Europäer. Damit brachten die Erzähler zum Ausdruck, daß die Geburt von Jesus für die ganze Welt von großer Bedeutung war.

Nach der Legende sind die Drei Könige nach ihrer Rückkehr aus Bethlehem von Apostel Thomas getauft worden. Ihre Reliquien wurden in Konstantinopel und später in Mailand verehrt. Im Jahr 1164 kamen sie als Geschenk des Kaisers Friedrich Barbarossa an den Erzbischof Rainald von Dassel nach Köln. Dort wurde zu ihren Ehren eines der schönsten Bauwerke der Welt errichtet, der Kölner Dom.

Zu der Zeit, als Jesus in Bethlehem geboren wurde, standen eines Morgens vor dem Palast des Königs in Jerusalem drei vornehm gekleidete Männer. Es waren Sterndeuter aus dem Morgenland.

„Ist hier im Schloß ein Kind zur Welt gekommen?" fragten sie einen der herumlungernden Wächter.

„Nein, davon haben wir nichts gehört", lachte der Mann.

„Dann melde uns beim König. Vielleicht kann er uns Auskunft geben."

Aber auch Herodes wußte nichts von einem neugeborenen Prinzen.

„Wer hat auch das erzählt?" fragte er mißtrauisch.

„In unserer Heimat ist ein großer Stern am Himmel erschienen, er hat uns hierher geführt", antworteten die Weisen. „Es ist ein Stern, der die Geburt eines neuen Königs verheißt."

Herodes erschrak.

Sollte es sich um den in alten Schriften angekündigten Christus handeln, den Befreier des Volkes?

„Ruht euch vorerst einmal von der langen Reise aus", sagte er. „Inzwischen werde ich mich nach dem König, den ihr sucht, erkundigen."

Er ließ seine Schriftgelehrten und Priester zusammenrufen und befahl ihnen, ihm die Bedeutung des Sterns, von dem die Fremden gesprochen hatten, zu erklären.

Es war kein Irrtum.

Die kleine Stadt Bethlehem war ausersehen, dem Volk Israel einen neuen König zu schenken.

Herodes begann, um seine Macht zu fürchten.

Das Kind durfte nicht am Leben bleiben.

„Geht hin nach Bethlehem", sprach er zu den Sterndeutern.

„Und wenn ihr das Kind findet, kommt zurück, damit auch ich ihm huldigen kann."

Die Sterndeuter versprachen es. Sie folgten weiter dem Stern, bis er in der Nähe Bethlehems stehen blieb.

In einem Stall fanden sie Maria und Josef und das Kind, das

in einer Krippe lag, arm und bloß. Trotzdem wußten sie, daß sie den verheißenen König gefunden hatten.

Da fielen sie in die Knie, beteten es an und schenkten im Gold, Weihrauch und Myrrhe.

Doch als sie sich glücklich schlafen legten, erschien ihnen Gott im Traum und sprach:

„Herodes hat mit dem Kinde Böses vor. Kehrt nicht zu ihm zurück."

Und auch Josef sah im Schlaf einen Engel des Herrn, der zu ihm sagte: „Steh auf, nimm das Kindlein und seine Mutter Maria und fliehe nach Ägypten."

Noch ehe die Sonne am Himmel erschien, brach Josef auf. Die Sterndeuter ließen Jerusalem und den Königspalast am Wege liegen und kehrten in ihre Heimat zurück.

Herodes wartete vergeblich auf die Sterndeuter. Als er merkte, daß sie ihn durchschaut hatten, ließ er alle Kinder in Bethlehem, die jünger als zwei Jahre waren, von seinen Knechten umbringen. Josef aber blieb mit Maria und dem Kind in Ägypten, bis Herodes gestorben war. Dann kehrte er mit seine Familie ins galiläische Land, nach Nazaret, zurück.

Zu den Bräuchen, die mit den Heiligen Drei Königen im Zusammenhang stehen, gehören Krippenspiele und das Sternsingen. Oft sind es Kinder, die als Könige verkleidet von Haus zu Haus ziehen und mit Sprüchen und Liedern um Gaben bitten. Auch die noch an vielen Orten verbreitete Sitte, ein Haus mit der neuen Jahreszahl und den mit Kreide auf die Tür geschriebenen Buchstaben C + M + B zu segnen, geht auf die Drei Könige zurück. C + M + B heißt ‚Christus mansionem benedicat' (Christus segne dieses Haus). Die Buchstaben können aber auch als die Initialen der drei Könige verstanden werden, Caspar, Melchior, Balthasar.

Dargestellt werden die Drei Könige mit ihren Geschenken, Gold, Weihrauch und Myrrhe.

Sie sind die Patrone des Erzbistums Köln, der Pilger, Reisenden, Kürschner und Spielkartendrucker.

Von Pfeilen durchbohrt

Sebastian

20. JANUAR

Wir kennen weder das Jahr seiner Geburt noch das Jahr seines Todes. Sebastian soll im 3. Jahrhundert gelebt haben, in Narbonne geboren und in Mailand aufgewachsen sein. Den Legenden nach war er ein junger Offizier unter Kaiser Diokletian. Er bekannte sich zum Christentum und starb als Märtyrer.

Unter den Soldaten des Kaisers war Sebastian nicht der einzige, der an Christus glaubte. Aber lange Zeit verstand er es, seine Überzeugung vor den Vorgesetzten zu verbergen. Er tat es nicht aus Feigheit, sondern um den Verfolgten beizustehen.

Der Kaiser mochte den jungen Offizier und beförderte ihn zum Obersten seiner Leibgarde.

Sebastian benutzte die hohe Stellung, um den gefangenen Christen noch mehr zu helfen. Er besuchte sie häufig in den Kerkern, sprach ihnen Mut zu und unterstützte sie mit Gaben.

Auf die Dauer konnte sein Tun nicht verborgen bleiben.

Diokletian fühlte sich von dem Jüngling, dem er soviel Vertrauen geschenkt hatte, verraten und betrogen. Für den Kaiser war das Christentum eine gefährliche Sekte. Er verfolgte sie mit allen Mitteln.

Der Kaiser stellte Sebastian zur Rede.

„Ich bin bereit, dir treu zu dienen und zu gehorchen", gab Sebastian dem Kaiser zur Antwort, „ich verehre dich als meinen weltlichen Herrn, doch der Wille Gottes ist mir wichtiger als

der deine. Ich glaube an Jesus Christus, und niemand wird mich von diesem Glauben abbringen."

„Du weißt, daß du für diese Worte mit dem Tod bestraft wirst?" drohte der Kaiser.

„Ja, ich weiß es."

Diokletian ließ Sebastian abführen.

Nackt wurde der schöne Jüngling von afrikanischen Bogenschützen an einen Pfahl gebunden und von ihren Pfeilen durchbohrt.

Irene, die Frau eines anderen Soldaten, der für seinen Glauben gestorben war, nahm seinen Leichnam ab. Als er in ihren Armen lag, merkte sie, daß er immer noch atmete.

Sie ließ ihn in ihr Haus tragen und pflegte ihn, bis seine Wunden wieder geheilt waren.

„Verstecke dich, mache dich unkenntlich und wähle einen andern Namen", rieten ihm seine Freunde.

„Nein", sagte Sebastian, „ich bin nicht gesund geworden, um meinen Namen zu verleugnen, mich zu verkleiden und mich zu verstecken."

Ohne Furcht stellte er sich vor den Eingang des Tempels, in dem Diokletian zu seinen Göttern betete und wartete, bis er herauskam.

Als der Kaiser seinen Offizier erkannte, blieb er betroffen stehen. Hatte man ihm nicht vor einigen Wochen gemeldet, sein Befehl sei ausgeführt und Sebastian von den Pfeilen der Bogenschützen getötet worden?

„Ich bitte dich, deine feindselige Haltung gegen die Christen aufzugeben und uns zu dulden. Auch wir Christen sind bereit, für dein Wohl zu beten."

Diokletian, der sich vor seinem Gefolge keine Blöße geben wollte, ließ Sebastian von seinen Leibwächtern abführen und öffentlich zu Tode prügeln.

Sebastian gehört zu den Heiligen, die schon im 4. Jahrhundert von den Christen geliebt und verehrt wurden.

Dargestellt wird er unbekleidet an einen Pfahl oder Baum gebunden und von Pfeilen durchbohrt.

Besonders um Hilfe gebeten wurde Sebastian in den Zeiten der Pest. Die Pfeile galten als Symbol für plötzlich auftretende Krankheiten.

Er ist der Heilige der Schützen und der Soldaten, aber auch der Gärtner, der Steinhauer und der Zinngießer.

In vielen christlichen Städten und Ländern, auch Deutschland, wird Sebastian als Patron gefeiert und heute noch von Künstlern in immer wieder neuen Formen dargestellt.

Sebastians Grab liegt unter der Kirche, die seinen Namen trägt, San Sebastiano. Sie gehört zu den sieben frühchristlichen Pilgerkirchen.

Die treuen Raben

Meinrad

21. JANUAR

Meinrad war der jüngste Sohn des Grafen Zollern auf Burg Sül-
chen am Neckar. Seine Eltern brachten den Knaben zur Erziehung
ins Benediktinerkloster nach Reichenau.
Das Leben der Mönche gefiel ihm. Meinrad wurde in den Orden
aufgenommen. Einige Jahre wirkte er als Lehrer, zuerst auf der
Reichenau, dann in Bollingen am Zürichsee. Aber mehr und mehr
verlangte es ihn nach vollkommener Abgeschiedenheit.
Der Abt erlaubte ihm, das Kloster zu verlassen.
Meinrad zog in die Berge hinauf und baute sich am Fuße des Et-
zels eine Hütte. Als die Bauern bald von allen Seiten kamen, um
ihn um Rat zu bitten, flüchtete er in den Finsternwald unterhalb
der Mythenstöcke.
Erst nach langer Zeit entdeckten einige verirrte Holzfäller seine
Zelle.
Meinrad war so voll inneren Friedens, daß ihn die Ratsuchenden
nicht mehr zu stören vermochten. Die Äbtissin vom Fraumünster
in Zürich ließ ihm eine Kapelle bauen.
Meinrad wurde im Jahre 861 von Räubern überfallen und getötet.

Auf einer Tanne beobachtete Meinrad einmal einen Sperber, der das Nest eines Raben umkreiste. Im Nest lagen
zwei junge Vögel. Meinrad vertrieb den Sperber und nahm
die verängstigten Rabenkinder mit in seine Zelle. Er fütterte
und zähmte sie. Die Raben wuchsen zu zwei schönen und
starken Vögeln heran und blieben in seiner Nähe.
Eines Tages kamen zwei Männer, die sich als fromme Pilger
ausgaben. Es waren Räuber, die in der Klause des Einsiedlers

kostbare Schätze zu finden hofften. Doch Meinrad hatte die Geschenke dankbarer Besucher längst an Arme und Bedürftige weitergegeben.

Meinrad bewirtete die Männer, so gut er es vermochte. Plötzlich stürzten sie sich auf ihn, schlugen ihn mit einem Stock zu Boden und töteten ihn. Im gleichen Augenblick vernahmen sie über ihren Köpfen ein bedrohliches Krächzen. Zwei Raben umflatterten sie und ließen sich durch nichts vertreiben.

Voll Entsetzen ergriffen die Mörder die Flucht. Sie liefen den Bach entlang ins Tal hinunter bis nach Zürich. Dort glaubten sie sich vor den unheimlichen Vögeln sicher.

Aber die Raben verfolgten sie bis in die Stadt hinein. Als sie in einer Wirtschaft Zuflucht suchten, flogen die Raben durch das offene Fenster und versuchten, auf die beiden Männer einzuhacken. Das kam den anderen Gästen merkwürdig vor. Man nahm die Männer fest und brachte sie vor den Richter. Einige Zeugen erkannten in den Vögeln die Raben des Einsiedlers im Finsternwald wieder. Die Mörder mußten ihre Untat gestehen und wurden zum Tod auf dem Rad verurteilt.

Aus Meinrads Kapelle entstand im 10. Jahrhundert das Kloster Einsiedeln.
Die beiden Raben schmücken das Wappen Einsiedelns und erinnern uns an ihre Dankbarkeit und Treue.
Besonders gefeiert wird der heilige Meinrad in den Städten Freiburg im Breisgau, in Rottenburg und St. Gallen.

Veronika

4. FEBRUAR

Unter den Anhängern von Jesus waren nicht nur Männer, sondern auch Frauen. Eine von ihnen hieß Veronika. Sie wohnte in
Jerusalem. Mehr wissen wir nicht über ihr Leben. Vielleicht ist sie
auch nur eine erfundene Figur, die später in die Passionsge-
schichte eingebaut wurde und in den Legenden weiterlebt.

Als Jesus von seinen Henkern nach Golgatha geführt
wurde, mußte er das Kreuz selber tragen. In der Mit-
tagsglut brach er unter der Last zusammen und blieb für
einige Augenblicke erschöpft auf der Erde liegen. Unter den
Neugierigen, die am Wege standen, begannen viele zu lachen.
„Und das soll der Sohn Gottes sein", höhnten sie.
Andere zeigten auf seine Dornenkrone und schrien: „König
der Juden, nun hilf dir selbst."
Die Anhänger von Jesus schwiegen, weil sie sich vor den
Soldaten fürchteten.
Nur eine Frau namens Veronika löste sich aus der Menge
und ging auf Jesus zu. Ohne sich um das Murren der Leute
zu kümmern, wischte sie ihm mit einem feinen Leinentuch
die Blutstropfen und den Schweiß von der Stirn.
Jesus drückte sein Antlitz in das Tuch und gab es Veronika
wieder zurück.
Als Veronika nach Hause kam und das Tuch ausbreitete, entdeckte sie auf dem Grund des Gewebes Jesus Antlitz wieder.
Es blieb für alle Zeiten darin eingeprägt.

Einst litt Kaiser Tiberius in Rom an einer schweren Krankheit. Die Ärzte wußten ihm nicht mehr zu helfen. Da hörte er von einem Mann in Jerusalem, der es allein mit Worten verstünde, Kranke wieder gesund zu machen.

Also schickte er Volusianus, einen Vertrauten, zu Pontius Pilatus nach Jerusalem, um den Wunderarzt zu suchen.

Pontius Pilatus erschrak. Er wußte, um was für einen Mann es sich handelte. Es war Jesus, den er zum Tod am Kreuz verurteilt hatte.

„Laß mir Zeit, den Mann zu finden", sagte er zu dem Boten des Kaisers.

Kurz darauf begegnete Volusianus in den Straßen von Jerusalem einer Frau, die ihm von Jesus erzählte, auch von dem Tuch, in dem sein Antlitz zu sehen war.

Es war Veronika.

„Wer es anschaut und an Jesus glaubt, wird gesund", sagte sie.

Da wußte Volusianus, daß es Jesus war, den er gesucht hatte. „Wie konnte Pilatus diesen Mann zum Tode verurteilen", sagte er. „Gib mir wenigstens sein Bild. Ich zahle mit Gold und Silber dafür."

„Dieses Tuch ist mir mehr wert, als alle Schätze dieser Welt", sagte Veronika, „doch wenn du willst, begleite ich dich nach Rom und werde dem Kranken das Bild selber zeigen."

So geschah es. Tiberius wurde wieder gesund.

Er ließ Pontius Pilatus gefangen nehmen und nach Rom bringen. Im Kerker machte Pilatus seinem Leben selbst ein Ende. Sein Leichnam wurde nach Helvetien gebracht, weil der Tiber seinen Leichnam immer wieder an die Oberfläche brachte und auch kein anderer Fluß ihn behalten wollte. In der Nähe der Stadt Luzern wurde er von einem Berg in den Abgrund geworfen. Dieser Berg trägt heute noch seinen Namen: Pilatus.

Veronika, in alten Legendenfassungen Beronike genannt, trägt auf Bildern das Tuch in den Händen, auf dem Jesus mit der Dornenkrone zu sehen ist. Der Name Veronika wird von dem lateinischen ,vera ikon' – das wahre Bild – abgeleitet. Sie ist die Schutzpatronin der Tuchhändler und Wäscherinnen.

Äpfel und Rosen

Dorothea

6. FEBRUAR

Über Dorothea wissen wir wenig. Sie war die Tochter eines römischen Senators. Während der Christenverfolgung unter Kaiser Diokletian erlitt sie mit ihren beiden Schwestern Chrysta und Callista, den Märtyrertod.
Spricius, einem hohen Beamten des Kaisers, hatte es Dorotheas Schönheit angetan. Er hätte sie gern geheiratet, aber Dorothea weigerte sich, seinetwegen vom christlichen Glauben abzufallen. Aus Enttäuschung ließ er sie foltern und im Jahre 305 enthaupten.

Als Dorothea zum Richtplatz geführt wurde, versammelte sich eine große Menschenmenge. Dorothea bat den Scharfrichter, ihr noch einen Augenblick Zeit zu lassen, um ein Gebet zu verrichten. Nachher sagte sie so laut, daß alle es hören konnten:
„Es ist kalt auf dieser Welt. Aber im himmlischen Garten wird mich eine Sonne wärmen, die nie untergeht."
„So schicke mir aus diesem Garten ein paar Äpfel und Rosen", spottete ein junger Mann.
Es war Theophilus, ein Rechtsgelehrter.
Dorothea schaute ihn ruhig an und sagte: „Ja, du sollst sie bekommen."
Danach neigte sie das Haupt und empfing den Todesstreich.
Theophilus erzählte allen seinen Freunden lachend, was die Christin ihm versprochen hatte.
Mitten im Winter aber stand eines Tages ein Knabe vor seiner Tür. Er hielt ihm ein fein geflochtenes Körbchen entgegen. Darin lagen drei Äpfel und drei Rosen.

Theophilus erschrak.

Die Erde starrte vor Kälte. Die Bäume und Sträucher waren kahl und die Gärten leer.

„Woher hast du das alles?" fragte er.

„Aus dem himmlischen Garten", antwortete der Knabe. „Dorothea schickt sie dir."

Kaum hatte er zu Ende gesprochen, war er verschwunden. Theophilus stand da, das Körbchen in der Hand.

Es war kein Traum.

Dieser schöne Knabe muß ein Engel gewesen sein, dachte er. Und obwohl er wußte, daß es für ihn, wie einst für Dorothea, den Tod bedeutete, bekannte er sich von diesem Tage an vor allen Menschen zum christlichen Glauben.

Auf Bildern wird Dorothea mit einem Blütenkranz im Haar und einem Körbchen mit Blumen und Früchten in der Hand dargestellt. Sie ist die Schutzheilige der Bierbrauer und Floristen, der Neuvermählten und jungen Mütter. Auch wer verleumdet wird, bittet sie um Hilfe.

Der Name Dorothea bedeutet ‚Geschenk Gottes'.

Kastor

13. FEBRUAR

Geboren wurde Kastor in der Mitte des 4. Jahrhunderts.
Er war ein Schüler und Freund des Bischofs Maximin von Trier.
Von ihm wurde er auch zum Priester geweiht. Doch Kastor fühlte sich zu einem Dasein als Einsiedler berufen.
Umgeben von einer kleinen Gemeinschaft gleichgesinnter Brüder, starb Kastor am 13. Februar im Jahr 400, in der Nähe der Stadt Karden an der Mosel.

In seinem Amt als Priester wurde Kastor von allen, die mit ihm zu tun hatten, geachtet und geliebt.
Das Lob, das ihm von allen Seiten zuteil wurde, erfüllte ihn mit Mißtrauen. Er hatte den Wunsch, dem eitlen Treiben der Welt zu entfliehen und ein Einsiedler zu werden.
Nach langem Suchen fand er am Ufer der Mosel einen Platz, an dem er für immer bleiben wollte. Bald sammelten sich junge Männer um den Eremiten, die das einfache Leben mit ihm teilten. Einmal bat Kastor einige Schiffer, die mit einem Boot an seiner Behausung vorbeifuhren, um ein wenig Salz für seine Brüder.
Obwohl der Kahn mit Salz beladen war, verweigerten ihm die Männer die Bitte.
„Gott ist Euer Herr", schrien sie, „er soll euch auch das Salz aufs Brot geben."
Da stiegen schwarze Wolken am Himmel auf. Ein Sturm erhob sich, und das Schiff drohte unterzugehen.
Die Männer begannen, um Hilfe zu rufen.

„Herr", beteten sie, „wir haben dich und deinen Diener Kastor verspottet, verzeihe uns."

Kastor, der am Ufer stand, schlug das Zeichen des Kreuzes über das sinkende Boot. Sogleich tauchte es unbeschädigt wieder empor, und der Sturm beruhigte sich.

„Wir danken dir von Herzen", riefen die Männer Kastor zu, „du hast uns gerettet. Nimm von unserm Salz soviel du willst."

Kastor gab sich mit einem Becher voll zufrieden und sagte: „Deine Rechte, o Herr, zeigte Kraft. Deine Rechte, o Herr, erhob mich."

Den Bootsleuten aber rief er zu: „Nicht mir müßt ihr danken, sondern Gott, dem ich diene. Nicht ich, sondern ER hat das Wunder vollbracht."

Lange Zeit blieb das Grab Kastors vergessen. Niemand wußte genau, wo es sich befand. Eine Erscheinung aber soll einem Priester namens Martius, den richtigen Ort gezeigt haben.

Die gefundenen Gebeine Kastors wurden im Jahr 837 von Ludwig dem Frommen in die Stiftskirche nach Koblenz überführt. Ein Teil blieb in der Pauluskirche von Karden, dem Ort, der neben Kastors Klause entstanden war. In beiden Orten werden die Reliquien auch heute noch verehrt.

Dargestellt wird Kastor als Priester im Meßgewand, meistens mit einem Buch und dem Modell einer Kirche, oft auch mit dem Schiff, von dem die Legende erzählt.

Matthias

24. FEBRUAR

Jesus hatte zwölf Jünger. Nachdem Judas ihn verraten und sich selbst gerichtet hatte, sollte ein anderer an seine Stelle treten.
Der neue Apostel hieß Matthias.
Matthias war einer der Männer, die oft mit Jesus zusammen waren und von seiner Auferstehung zeugen konnten.
Wie die andern Jünger wanderte er nun von Ort zu Ort, um den Menschen von Jesus zu erzählen.

Als Matthias in einer Stadt in Mazedonien von Jesus predigte, gaben ihm seine Feinde vergifteten Wein zu trinken. Doch das Gift schadete ihm nichts. Matthias blieb unversehrt.
Andere aber, die versehentlich aus dem gleichen Faß getrunken hatten, erblindeten. Laut fingen sie an zu jammern und zu klagen. Matthias beruhigte sie. Es waren zweihundertfünfzig an der Zahl. Der Apostel legte jedem die Hände auf die Augen, und sie konnten alle wieder sehen.
Nun waren sie bereit, ihm zuzuhören und seinen Worten zu glauben. Seine Feinde aber ließen sich von dem Wunder nicht überzeugen und wollten Matthias gefangen nehmen. Sie suchten ihn vergeblich. Er schien plötzlich vom Erdboden verschwunden.
Doch er war mitten unter ihnen.
„Ich bin's, den ihr sucht", sagte Matthias und stellte sich den Männern, ohne sich vor ihnen zu fürchten.
Da banden sie ihm die Hände auf den Rücken, schlugen ihn und warfen ihn ins Gefängnis. Mitten in der Nacht erfüllte

plötzlich ein großer Glanz die Zelle. Von der Helligkeit geblendet, stürzten die Wächter zu Boden und verhüllten ihre Gesichter mit den Händen.

Matthias fiel auf die Knie.

Jesus selbst war erschienen, löste Matthias' Fesseln und öffnete ihm die Tür.

Matthias ging hinaus und verkündete der staunenden Menge die neue Botschaft wieder und wieder.

„Ihr sollt Euren Nächsten lieben, wie Euch selbst."

Viele dachten über diese Worte nach und wurden Christen.

Matthias wird mit einem Buch, mit Steinen oder einem Schwert dargestellt. Er ist der Schutzpatron der Bauhandwerker und Zimmerleute.

Fridolin

6. MÄRZ

Fridolin war einer der Glaubensboten, die aus Irland kamen, um bei uns das Christentum zu verkünden.

Auf einer kleinen Insel im Rhein bei Säckingen gründete Fridolin ums Jahr 500 ein Frauen- und ein Männerkloster.

Wie die andern Missionare, wurde Fridolin von der heidnischen Bevölkerung zuerst bekämpft. Doch nach und nach gewann er ihre Freundschaft. Er brachte ihnen nicht nur die Worte des Evangeliums, sondern wußte auch Mittel gegen allerlei Krankheiten von Mensch und Vieh. Mit seinen Mönchen pflanzte er die ersten Obstbäume in der Gegend.

Von Säckingen aus missionierte Fridolin in Süddeutschland und im östlichen Teil der Schweiz.

Zur Zeit, als Fridolin lebte, gehörte das Land Glarus zwei Brüdern. Sie hießen Landolf und Ursus. Ursus war ledig und hatte keine Kinder.

Als er auf dem Totenbett lag, ließ er Fridolin und seinen Bruder Landolf zu sich kommen.

„Nach meinem Tod soll mein Anteil, die Hälfte des Landes, dem Kloster Säckingen gehören", bestimmte er.

Landolf hatte nichts dagegen einzuwenden und versprach dem Sterbenden hoch und heilig, seinen letzten Willen zu achten.

Doch als Ursus begraben war, reute es Landolf. Er wollte die schönen Alpen und die großen Viehherden nicht dem Kloster abtreten. Er versuchte, das Kloster mit einigen Höfen und Äckern abzuspeisen, aber Fridolin wehrte sich.

Der Handel kam vor das königliche Gericht in Rankweil.
Fridolin wiederholte dem Richter, was Ursus ihm versprochen hatte. Landolf aber behauptete, er wisse nichts davon.

„Ich möchte dir gerne glauben", sagte der Richter zu Fridolin, „aber wenn du keinen schriftlichen Beweis und keine Zeugen bringen kannst, gehört nach altem Recht das Erbe des kinderlosen Ursus seinem einzigen Bruder."

Landolf kehrte triumphierend nach Hause zurück.

Fridolin aber pilgerte nach Glarus zum Grab des Ursus.

„Es geht um Recht und Unrecht", sagte er. „Ich bitte dich in Gottes Namen, komm aus deinem Grab heraus und sei mein Zeuge."

Da öffnete sich die Erde, und aus dem Grab stieg das Gerippe des Verstorbenen.

„Fridolin", sprach er. „Fürchte dich nicht. Ich komme mit dir."

Als Fridolin mit dem Totengerippe wieder vor das Gericht nach Rankweil trat, erfaßte alle Anwesenden ein großes Entsetzen, und Landolf erbleichte.

Ursus ging auf ihn zu und sagte mit hohler Stimme:

„Warum läßt du mir im Grab keine Ruhe? Gib Fridolin, was ihm gehört."

Landolf hob abwehrend die Hände.

„Fridolin, nimm auch meine Hälfte", rief er.

Dann ergriff er die Flucht, und niemand hat ihn jemals wiedergesehen.

Fridolin aber führte den Toten wieder zurück in sein Grab, dankbar dafür, daß Ursus ihm zu seinem Recht verholfen hatte.

Auf Abbildungen trägt Fridolin das Kleid der Benediktiner und hält einen Abtstab in der Hand. So ziert er auch das Wappen des Kanton Glarus in der Schweiz. Die Glarner bitten ihn um schönes Wetter. Und wenn jemand allzu bleich wird, sagt man zu ihm: „Du siehst aus wie Ursus aus dem Grab."
Er ist der Patron der Schneider und wird auch bei Arm- und Beinleiden um Hilfe angerufen.

Gertrud

17. MÄRZ

Gertrud war eine Prinzessin. Sie wurde im Jahr 626 als Tochter Pippins des Älteren geboren. Ihr Vater hatte Gertrud einen reichen Mann zugedacht, doch sie weigerte sich, ihn zu heiraten. Sie trat als junges Mädchen in ein von der Königin, der heiligen Itta, gestiftetes Kloster ein. In diesem Kloster von Nivelles in Belgien wurde Gertrud die erste Äbtissin.
Gertrud starb am 17. März 659.

Schon als kleines Mädchen begann sich Gertrud um in Not geratene Menschen zu sorgen.
Zum Kummer ihres Vaters zeigte Gertrud später keine Lust, sich zu verheiraten.
„Ich habe mir keinen sterblichen, sondern einen unsterblichen Bräutigam auserwählt", sagte sie zu ihm.
Die Mutter, Frau Itta, zeigte Verständnis für ihre Tochter.
Nach dem Tode Pippins ließ sie in Nivelles ein Kloster erbauen, um zusammen mit Gertrud ein ganz Gott geweihtes Leben zu führen.
Gertrud kümmerte sich um die Kranken und Gefangenen, Witwen und Waisen. Um die Kranken besser pflegen zu können, ließ sie neben dem Kloster ein Spital erbauen.
Eines Nachts, als die junge Äbtissin wie immer vor dem Schlafengehen im Gebet auf den Knien lag, spürte sie, daß jemand sie an der Fußsohle kitzelte.
Es war eine hungrige Maus, die sie um einen kleinen Bissen bat.
Gertrud scheuchte sie unwillig weg.

„Bist du nicht die Maus, die mich kürzlich beim Spinnen belästigt hast, nun wagst du es auch noch, mich in meiner Andacht zu stören."

Am Tag darauf brach eine große Mäuseplage über das Kloster herein. Tausende von Mäusen schienen sich in der Klosterscheune an den kostbaren Vorräten gütlich zu tun.

Mit Besen bewaffnet, machten sich die Klosterschwestern über die emsigen Nager her und versuchten, wenigstens einige von ihnen totzuschlagen.

Da kam Gertrud hinzu und wehrte es ihnen.

„Laßt sie", sagte sie, „aus unserm Kloster soll auch nicht das geringste Lebewesen fortgehen, ohne satt zu werden."

Die Mäuse verschwanden, wie sie gekommen waren.

Als Gertrud in der Nacht darauf in ihrer Zelle auf den Knien lag, spürte sie wieder das Kitzeln an ihrer Fußsohle.

„Sei gegrüßt", lächelte die Äbtissin, „von nun an sollen nicht nur kranke Menschen, sondern auch hungrige und verletzte Tiere zu meinen Schützlingen gehören."

Die Maus hob ihr Köpfchen, dann machte sie sich zufrieden über den Käse her, den Gertrud für sie bereitgelegt hatte.

Der 17. März ist der Gertrudentag, und für viele beginnt mit diesem Tag der Frühling.

Gertrud ist die Schutzherrin der Gemüsegärtner und Gemüsehändler. Sie hilft bei Mäuse- und Rattenplagen.

Sie wird als Nonne dargestellt, manchmal auch in fürstlicher Kleidung. In der Hand hält sie einen Äbtissinenstab, an dem Mäuse emporklettern oder ein Buch, auf dem die Tierchen sitzen. Zur heiligen Gertrud gehören auch der Specht und der Kuckuck als Frühlingsboten.

Unzählige Spitäler trugen im Mittelalter ihren Namen. Ein Trank, den man den Sterbenden einflößte, um ihnen einen guten Platz im Himmel zu sichern, nannte man ‚Gertrudenminne'. Auch das Backen von in Eierteig gewendeten Salbeiblättern, Mäuslein genannt, gehört zu den Bräuchen, die auf Gertrud von Nivelles zurückgehen.

Patrick und der König

Patrick

17. MÄRZ

Patrick wurde Ende des 4. Jahrhunderts in England geboren. Über sein Leben ist ein Bericht erhalten, den er selbst verfaßt hat. Er nennt sich darin ,einen Sünder, ganz ohne Bildung'. Sein Großvater war ein Priester, sein Vater ein Ratsherr. Patrick war kein guter Schüler und führte in der Jugend – wie er selbst sagte – ein ,liederliches' Leben. Er wurde von Piraten geraubt und in Irland als Sklave verkauft. Nach sechs Jahren gelang ihm die Flucht nach Frankreich. In Auxerre fand er in einem Kloster Unterkunft, wurde zum Priester ausgebildet und später zum Bischof geweiht.
Erfüllt von der Aufgabe, Irland zum Christentum zu bekehren, fuhr er mit einem großen Gefolge auf die Insel zurück.
Nach vielen Schwierigkeiten gelang es ihm, die Könige und Stammesfürsten zu überzeugen. Eine Provinz nach der andern wurde christianisiert. Patrick gründete Schulen und Klöster, bildete Priester aus und schickte sie von Irland in die Welt hinaus. Patrick starb im Jahre 461.

Als Patrick nach Irland kam, begegneten ihm die Menschen voller Mißtrauen. Er reiste nicht als bescheidener Missionar, sondern mit einem großen Gefolge, mehreren Priestern, einem Rechtsgelehrten, einer Leibwache, einem Glöckner, einem Koch, einem Bierbrauer, einem Mundschenk, zwei Dienern und einem Schreiber.
Viele hielten ihn und seine Gefährten für Seeräuber. Erst seine Predigten gewannen ihm mehr und mehr Anhänger.
Die Könige und Stammesfürsten des Landes fürchteten, durch das Christentum ihre Macht zu verlieren. Sie versuch-

ten, Patrick von der Insel zu vertreiben. Doch Patrick ließ sich durch ihre Drohungen nicht einschüchtern.

Sein größter Feind war König Leogar.

Er ließ Patrick zu sich rufen. Unerschrocken fing Patrick an, von Jesus zu erzählen. Der König und die Königin, die versammelten Höflinge und Soldaten hörten eine Weile schweigend zu. Doch der Zauberer des Königs unterbrach ihn. „Das sind Märchen", schrie er. „Beweise uns mit Taten, was dein unsichtbarer Gott vermag."

Mit Hilfe des Teufels erhob er sich in die Luft und verspottete Patrick und seinen Glauben mit unflätigen Worten.

Der König schaute Patrick triumphierend an.

Da schlug Patrick das Zeichen des Kreuzes. Der Zauberer fiel auf die Erde zurück und brach sich das Genick.

Alle, die eben noch laut gelacht hatten, verstummten.

Wutentbrannt zog der König sein Schwert aus der Scheide und stürzte auf Patrick zu. Doch im gleichen Augenblick fing die Erde an zu beben, ein Blitz fuhr vom Himmel und riß Leogar die Waffe aus der Hand.

Die Königin fiel vor Patrick auf die Knie. Weinend bat sie ihn, ihrem Mann zu verzeihen und sein Leben zu schonen.

„Das liegt nicht in meiner Macht", sagte Patrick.

Die Erde beruhigte sich, und der König blieb unverletzt, aber er dachte an nichts anderes mehr, als Patrick zu töten.

Er lud ihn mit seinen Gefährten für den folgenden Tag zum Essen ein. Den Wächtern gab er den Befehl, Patrick bei der Ankunft gefangenzunehmen und in ein dunkles Verließ zu werfen.

Zur festgesetzten Stunde erschien Patrick mit seinen Leuten vor dem König.

Sie waren unbemerkt an den Wachen vorbeigekommen.

Der König versuchte sein Erstaunen darüber zu verbergen.

Er begrüßte Patrick, als ob er ihn erwartet hätte, aber während des Essens ließ er ihm vergifteten Wein vorsetzen.

Als Patrick den Becher an den Mund hob, schwamm das Gift

obenauf. Ohne ein Wort zu sagen, goß er einen Teil des Weines auf den Boden, den Rest trank er aus.

„Erwürgt ihn." schrie der König.

Zwei Soldaten stürzten auf Patrick zu. Da fing die Erde zum zweitenmal an zu beben, öffnete sich und verschlang die beiden Männer vor aller Augen.

Endlich sah Leogar ein, daß Patricks Gott stärker war als er.

„Ich habe keine Macht über dich", sprach er. „Aber ich will meinen Göttern die Treue halten."

„So laß uns in Frieden nebeneinander leben", sagte Patrick.

Die Königin und ihre beiden Töchter ließen sich von Patrick taufen.

Auch Dubtach, der berühmte Sänger des Königs, bekehrte sich zum Christentum. Die Lieder, die er zur Ehre Gottes sang, waren so süß und wunderbar, daß sogar die Engel auf die Erde kamen, um ihm zuzuhören.

Auf Bildern wird Patrick als Bischof mit einem Kleeblatt in der Hand dargestellt. Er ist Irlands Nationalheiliger und der Schutzpatron der Friseure, der Schmiede und Wagner.

Nur ein Zimmermann

Josef

Von Josef erfahren wir aus der Bibel wenig. Obwohl nur ein einfacher Zimmermann, war er ein Nachkomme König Davids. Er verlobte sich mit der Jungfrau Maria. Als er erfuhr, daß sie schwanger war, wollte er sie verlassen. Aber ein Traum offenbarte ihm, daß es sich bei dem erwarteten Kind um ein göttliches Kind handle, und daß er dazu ausersehen sei, sein Pflegevater zu werden.

Zum letztenmal wird Josef erwähnt, als der zwölfjährige Jesus seine Eltern zum Osterfest nach Jerusalem begleitete.

Eine wichtige Rolle spielt Josef in der Legende von Jesu Geburt. Auch in dieser Geschichte verstand er es, auf einen Traum zu achten und seine Botschaft zu verstehen.

Die Geburtsgeschichte Jesu ist keine Heiligenlegende wie die andern, aber weil Jesus den Männern und Frauen, von denen in diesem Buch erzählt wird, ein Vorbild war, soll auch sie hier stehen.

Vor bald zweitausend Jahren erteilte Kaiser Augustus in Rom den Befehl, es sollten in seinem Reich alle Bewohner in Steuerlisten erfaßt werden. Jeder mußte in die Heimat seiner Vorfahren ziehen, um sich dort eintragen zu lassen. In der Stadt Nazaret in Galiläa lebte ein Mann namens Josef mit seiner Frau Maria. Also machte er sich auf nach Bethlehem in Judäa. Maria, die ein Kind erwartete, begleitete ihn.

In Bethlehem fanden sie keine Unterkunft mehr, nur einen Stall, der sie vor Nacht und Kälte schützte.

Maria spürte, daß ihre Zeit gekommen war.

Sie gebar einen Sohn, Jesus. Und weil sie nichts anderes

hatte, wickelte sie ihn in Windeln und legte ihn in eine Futterkrippe.

Auf einem Feld in der Nähe hielten sich Hirten auf. Sie waren um ein Feuer versammelt und bewachten ihre Herden. Da trat plötzlich ein Engel zu ihnen und sprach: „Fürchtet euch nicht. Ich verkünde euch eine große Freude. In Bethlehem ist heute der Heiland geboren. Ihr werdet ein Kind finden, in Windeln gewickelt und in einer Futterkrippe liegen. Es ist der von den Propheten versprochene Retter." Kaum hatte der Engel zu Ende gesprochen, stand neben ihm eine große Schar anderer Engel, und sie lobten Gott und sangen: „Ehre sei Gott in der Höhe und Frieden auf Erden."

Als die Engel in den Himmel zurückgekehrt waren, sagten die Hirten: „Laßt uns nach Bethlehem gehen und das Kind suchen." Sie brachen auf und fanden alles so, wie der Engel es ihnen verkündet hatte: Maria und Josef und das Kind in Windeln gewickelt in einer Krippe liegen.

Sie erzählten, was der Engel ihnen über das Kind gesagt hatte.

Erfüllt von dem, was sie in dieser Nacht erlebt hatten, kehrten die Hirten wieder aufs Feld zu ihren Schafen zurück.

Als auch die Drei Könige weitergezogen waren und sich Josef und Maria mit ihrem Kind zur Ruhe niedergelegt hatten, erschien Josef im Traum ein Engel und sagte zu ihm: „König Herodes trachtet dem Kind nach dem Leben. Darum steh auf, nimm Maria und das Kind und flüchte vor seinen Schergen nach Ägypten." Josef glaubte dem Engel und gehorchte ihm.

Kurz darauf starb Herodes. Wieder war es ein Engel, der Josef im Traum gebot, sich aufzumachen und nach Hause zurückzukehren.

Es wird vermutet, daß Josef schon ein älterer Mann war, als er Maria heiratete. Sicher hat er den Leidensweg von Jesus nicht mehr miterlebt. Im Gegensatz zu Maria wird er in der Bibel am Ende von Jesu' Leben nicht mehr erwähnt.

Dargestellt wird Josef mit Axt, Säge und Winkelmaß, den Zimmermannswerkzeugen. Auch ein Wanderstab und eine blühende Lilie gehören zu seinen Attributen. Manchmal trägt er das Jesuskind auf dem Arm. Bei Krippenbildern hält er sich meistens bescheiden im Hintergrund. Er trägt eine Hirtenlampe in der Hand oder stützt sich auf seinen Stab. 1497 führte Papst Sixtus IV. das Fest des heiligen Josef ein. Seit 1870 ist Josef der Schutzpatron der gesamten katholischen Kirche.

Josef ist der Landespatron von Tirol. Er beschützt die Zimmerleute, Schreiner und Wagner, aber auch Ehepaare, Kinder und Waisen rufen ihn um Hilfe an.

Der Stammler

Notker

Notker war der Sohn eines alemannischen Edelmannes. Erzogen wurde Notker im Kloster St. Gallen. Er war einer der besten Schüler, doch er hatte einen Sprachfehler: Er stotterte. Seine Kameraden nannten ihn den ‚Stammler'.

Nur wenn er sang, war sein Sprachfehler wie durch ein Wunder verflogen.

Als Priester und Lehrer verwaltete Notker die Bibliothek des Klosters. Zu den langen Melodien, die während der Messe gesungen wurden, dichtete er Worte.

Notker wurde ein bekannter Schriftsteller und Musiker.

Sein Mitgefühl und seine Freundlichkeit, seine edlen und reinen Gesichtszüge blieben allen, die ihn kannten, in Erinnerung. Notker starb Anfang April des Jahres 912. Er war über 80 Jahre alt.

Auch Kaiser Karl der Dicke hatte Vertrauen zu dem gelehrten Mönch in St. Gallen.

Einmal wollte der Kaiser in einer Gewissensfrage Notkers Meinung hören. Weil er keine Zeit hatte, selber nach St. Gallen zu reisen, schickte er einen Boten.

Notker las den Brief des hohen Herrn, rollte ihn zusammen und legte ihn zur Seite. Nachher ging er in den Klostergarten, um Unkraut zu jäten.

Der Bote, der den Befehl hatte, unverzüglich zurückzukehren, wunderte sich.

„Und wo bleibt die Antwort?" fragte er.

„Gedulde dich", sagte Notker.

Am folgenden Tag sah der Bote Notker wieder im Garten. Er war dabei, einen Korb mit jungen Pflanzen zu setzen.

„Das ist doch nicht so wichtig", sagte der Bote ungehalten.

Aber Notker ließ sich nicht drängen.

„Gedulde dich", sagte er zum zweitenmal.

Als der Bote den Mönch am dritten Tag wieder im Garten traf und beobachtete, wie er mit großer Behutsamkeit die frischen Setzlinge begoß, wurde er zornig.

„Ich werde dem Kaiser melden, wie wenig Ehrfurcht du vor ihm hast und wie du deine Zeit verschwendest."

Notker lächelte.

„Ja", sagte er, „erzähle dem Kaiser, was ich hier tue."

So ritt der Bote ohne Brief zum Kaiser zurück und berichtete ihm, was er mit Notker alles erlebt hatte.

Der Bote war erstaunt, daß der Kaiser nicht zornig wurde und ihn auch nicht beschimpfte.

Er hörte nur, wie dieser leise zu sich selber sagte:

„Notker, ich habe deine Botschaft verstanden. Sie ist wie ein Gleichnis. Ich will versuchen, meine Leidenschaft zu zähmen, Gutes zu tun, das mir Anvertraute zu pflegen und Geduld zu üben."

Eines Tages ritt Kaiser Karl der Dicke nach St. Gallen, um die Mönche im Kloster zu besuchen.

Unter dem großen Gefolge des Kaisers war auch sein Hofkaplan, ein gescheiter Mann, aber eitel und hochmütig.

Als die Ritter und vornehmen Herren voller Liebe und Verehrung von Notker sprachen, sagte er:

„Er ist zwar berühmt und gelehrt, aber ich werde ihm eine Frage stellen, die er bestimmt nicht beantworten kann."

Notker saß in der Bibliothek und war dabei, in den Psalmen zu lesen.

Freundlich begrüßte er den Kaiser und sein Gefolge.

Nun trat der Hofkaplan vor und fragte:

„Sag mir, Notker, was tut Gott in diesem Augenblick?"

„Ach", meinte Notker. „Sicher tut er das, was er immer tut."

„Und was ist das?" drängte der Hofkaplan.

„Er schaut uns zu und weiß auch das, was wir verschweigen."

Der Hofkaplan verzog sein Gesicht zu einem spöttischen Lächeln.

Da schaute ihn Notker milde an und sagte:

„Vielleicht denkt Gott gerade jetzt auch darüber nach, wie er einem eitlen und hochmütigen Menschen eine Lehre erteilen könnte."

Am folgenden Morgen machte sich der Kaiser mit seinem Gefolge wieder auf den Weg. Aber als der Hofkaplan sein Pferd besteigen wollte, bäumte es sich auf und warf ihn ab. Mit einem zerschlagenen Gesicht und einem gebrochenen Fuß lag er auf der Erde.

Er mußte im Kloster zurückbleiben und gepflegt werden.

Da erinnerte er sich an Notkers Antwort und bat ihn für seinen Hochmut um Verzeihung.

Notker wird als Mönch mit einem Mühlrad dargestellt, oft auch mit einem Teufel, den er mit seinem Stock zu Boden schlägt. Durch ihn wurde das Kloster St. Gallen berühmt und eine der ersten Schulen für Kirchenmusik.

Der ewige Pförtner

Konrad von Parzham

21. APRIL

Am 22. Dezember 1818 wurde in der Gemeinde Parzham einem
Bauern namens Birndorfer ein Sohn geboren. Er nannte ihn Johann. Johann sollte sein Nachfolger werden und später den Hof
übernehmen.

Mit einunddreißig Jahren verzichtete Johann auf sein Erbe. Er trat
in das Kloster der Kapuziner in Altötting ein. Er bekam den Namen Konrad und übernahm das Amt des Pförtners.

Einundvierzig Jahre lang blieb er dieser Aufgabe treu.

Konrad von Parzham starb am 21. April 1894.

Schon als Johann noch ein Junge war, sagten die Leute:
„Der Birndorfer Hansel ist ein Engel." Oder auch: „Wenn
der kein Heiliger wird."

Zusammen mit den Geschwistern arbeitete er mit Freuden
auf den Äckern und Feldern. Aber schon früh unterschied er
sich von ihnen durch seine Frömmigkeit. Wenn seine Eltern
nach ihm suchten, war er oft, ins Gebet versunken, in der
Kirche zu finden.

Als Pförtner des vielbesuchten Klosters in Altötting gab es in
der näheren und weiteren Umgebung niemanden, der Bruder Konrad nicht kannte oder nicht schon Hilfe bei ihm gefunden hätte.

Er machte den ‚Sündern' keine Vorwürfe, aber er versäumte
es auch nicht, die Landstreicher, die an der Klosterpforte um
ein Almosen baten, zu ermahnen und mit sanften Worten zu
belehren.

Bruder Konrad war nicht aus der Ruhe zu bringen, auch wenn die Kinder hinter ihm herliefen, um ihn zu necken.
Einmal kam ein Bettler an die Klosterpforte und bat um eine ‚milde Gabe'. Als ihm Bruder Konrad statt Geld und einen Schnaps eine kräftige Suppe brachte, warf ihm der Mann den vollen Teller vor die Füße. Da lachte Konrad und sagte freundlich: „Gelt, die magst du nicht, so hol' ich dir halt eine andere." Er war gegen die Armen so großzügig, daß ihn seine Mitbrüder deswegen tadelten, doch das machte ihm nichts aus. Kurz vor seinem Tod ließ der Prior den erkrankten Bruder in die ‚Mutter-Gottes-Zelle' legen.
Diese Ehre war nur wenigen vorbehalten.
„Du hast sie verdient", sagte der Abt.
Drei Tage nach diesem Umzug starb er, so glücklich und zufrieden, wie er es einmal in einem Brief an seine Schwester zum Ausdruck gebracht hatte:
„Mir geht es immer gut. Ich bin immer glücklich und zufrieden in Gott. Ich nehme alles mit Dank vom lieben Himmelsvater an, seien es Leiden oder Freuden, er weiß wohl, was besser ist für uns."

Bruder Konrad wurde in der Kapuzinerkirche von Altötting begraben.
Sein Grab ist zu einer Stätte geworden, die den Pilgern innere Ruhe und Zufriedenheit schenkt.
Auf Bildern ist Bruder Konrad im braunen Kapuzinerkleid zu sehen. Er hat einen langen weißen Bart und trägt ein Kreuz in der Hand.
Bruder Konrad wurde am 20. Mai 1934 im Petersdom in Rom heilig gesprochen. Damit bleibt der bescheidene Bruder unvergessen.
Sein Beiname ‚Der ewige Pförtner' ist ein Beweis seiner Treue.
Bei der Feier sagte Papst Pius XI.: „In ihm erglänzen Reinheit und Demut, Liebe zu Gott und zum Nächsten."

Georg

23. APRIL

Gelebt hat Georg um das Jahr 300. Er stammte aus Kappadozien und war Offizier im Heer des römischen Kaisers Diokletian. Der Kaiser schätzte seine Tapferkeit, aber als er erfuhr, daß Georg sich zum Christentum bekannte, ließ er ihn zu Tode foltern.

In einem See in der Nähe der Stadt Silena hauste ein schrecklicher Drache. Wo er hintrat, verwüstete er Felder und Wiesen. Auch den mutigsten Kriegern gelang es nicht, das Tier zu töten.

Um den Drachen zu besänftigen, beschlossen die verzweifelten Menschen, ihm jeden Tag zwei Schafe vorzuwerfen. Doch die Schafe waren bald aufgefressen, und die Gier des Tieres wurde immer größer.

Es forderte Menschenopfer.

„Wenn wir ihm nicht zu Willen sind, wird das Tier in die Stadt eindringen und sie zerstören", fürchteten die Bewohner.

Die Opfer wurden durch das Los bestimmt. Auch Kinder blieben nicht verschont.

Eines Tages traf das Los die einzige Tochter des Königs.

„Nehmt die Hälfte meines Reiches, aber laßt mir mein Kind", bat der König.

„Das hilft uns nichts", sagten die Leute. „Auch du sollst dich an unsere Abmachung halten, sonst werden wir uns rächen."

Aus Erbarmen gewährten sie dem König acht Tage Zeit, um von seiner Tochter Abschied zu nehmen.

Nach dieser Zeit ließ der König die Prinzessin mit den schönsten Kleider schmücken und führte sie vor die Tore der Stadt.

Als das Mädchen allein zum See lief, kam ihr ein fremder Ritter auf einem braunen Pferd entgegen.

Es war Georg.

„Warum weinst du?" fragte er.

„Ich muß sterben", antwortete die Prinzessin. „Ein schrecklicher Drache bedroht uns. Fliehe."

Doch Georg zeigte keine Angst.

„Ich will versuchen, dich zu retten", sagte er.

In diesem Augenblick fing das Wasser an zu brodeln und zu schäumen. Aus den Wellen stieg der Drache ans Ufer. Georg ritt ihm entgegen, und bevor er sich wehren konnte, erstach er ihn mit seiner Lanze.

Der König und das Volk, die alles aus der Ferne mitangesehen hatten, jubelten dem Ritter zu. Aber Georg sagte: „Gott hat mir die Kraft geschenkt, euch von dem Drachen zu erlösen. Nicht mir, sondern ihm müßt ihr danken."

Der König belohnte Georg mit Gold und Silber und Edelsteinen. Georg verteilte die Schätze unter die Armen der Stadt und kehrte in seine Heimat zurück.

Martin wird auf einem weißen, Georg auf einem braunen Pferd dargestellt. Mit dem Martinstag wird der Anfang des Winters, mit Georg die Zeit der Saat gefeiert.

Georg gilt als Vorbild christlicher Tapferkeit. Er ist der Schutzpatron der katholischen Pfadfinder, der Nationalheilige Englands und einer der ‚Vierzehn Nothelfer'. In Österreich und in Süddeutschland besteht an einigen Orten auch heute noch der Brauch, mit einem Umzug, dem Georgiritt, die Pferde zu segnen.

Der erste Evangelist

Markus

25. APRIL

Wie Matthäus, Lukas und Johannes, gehört Markus zu den Männern, die uns im neuen Testament die Geschichte Jesu erzählen.
Als Jesus gekreuzigt wurde, war Markus noch ein Jüngling. Er
kannte Jesus. Das Haus seiner Mutter war eine Zuflucht für die
verfolgten Christen in Jerusalem.

Vielleicht war er selbst der junge Mann, der Jesus in den Garten
Gethsemane folgte und von dem er in seinem Evangelium berich-
tet: „Und ein Jüngling war in seinem Gefolge, mit einem Leinen-
gewand auf dem bloßen Leib, und sie griffen ihn; er aber ließ das
Gewand los und floh nackt."

Johannes Markus, wie er mit seinem vollen Namen hieß, begleitete den Apostel Paulus auf seiner ersten Missionsreise nach Antiochien. Auf die zweite Reise wollte ihn Paulus nicht mehr
mitnehmen. Der junge Mann schien ihm noch nicht stark genug,
die Strapazen auszuhalten.

Befreundet war Markus mit dem Apostel Petrus, dem er auch als
Dolmetscher diente. In der Zeit, die sie gemeinsam in Rom ver-
brachten, schrieb Markus sein Evangelium. Bestimmt hat Petrus
ihn dazu angeregt und mit seinen Erinnerungen an Jesus viel
dazu beigetragen.

Nach dem Tod von Petrus wurde Markus Bischof von Alexandrien und gründete die dortige Kirche. Von einigen, den Christen
feindlich gesonnenen Bürgern wurde er eines Tages überfallen
und durch die Straßen der Stadt zu Tode geschleift.

Das Jahr 63 ist das letzte gesicherte Datum aus dem Leben des
Evangelisten.

Der Legende nach starb Markus am 25. April im Jahr 68.

Müde von der langen Reise, mit schmerzenden Füßen und zerrissenen Sandalen, kam Markus nach Alexandrien. Da lief er an der Werkstatt eines Schuhmachers namens Anian vorbei.

Ach, dachte er, hier könnte ich meine Sandalen flicken lassen.

Anian, der Schuhmacher, grüßte ihn freundlich und machte sich gleich an die Arbeit. Dabei stieß er sich mit der Ahle in den Finger und begann zu bluten.

Markus bestrich ihm die Wunde mit seinem Speichel und sprach: „Im Namen Jesu soll die Wunde geheilt sein."

Sie war es von einem Augenblick auf den andern.

„Wer bist du?" fragte der Schuster erstaunt und erschrocken über das Wunder.

„Ich bin Markus, ein Diener Jesu Christi", antwortete Markus.

„Den möchte ich gerne sehen", meinte Anian.

„Ja, ich will ihn dir zeigen", sagte Markus. Und dann begann er so lebendig von Jesus zu erzählen, daß es dem Schuster war, als sähe er Jesus lebendig vor sich stehen. Er lud Markus ein, mit ihm und seiner Familie zusammen zu essen. Markus dankte ihm.

„Der Herr gebe dir dafür das Brot des Himmels, und sein Segen sei mit dir."

Anian und seine Familie aber glaubten der Botschaft, die Markus verkündete und gehörten zu den ersten in der Stadt, die sich von ihm taufen ließen.

Die Gebeine des Evangelisten wurden wahrscheinlich im 9. Jahrhundert von Alexandrien nach Venedig überführt. Über seinem Grab entstand die Markuskirche.

Markus wird bei seiner Arbeit als Verfasser des Evangeliums dargestellt. Er sitzt an einem Pult, zu seinen Füßen ein Löwe. Der Löwe ist ein Symbol der Auferstehung Christi und ein Symbol für den Sieg des Lichts über die Finsternis.

Markus ist der Schutzpatron der Städte Venedig und Alexandrien, auch der Insel Reichenau.
Er beschützt Glasmaler, Notare und Schreiber, Korbmacher und Maurer. Um Hilfe wird er gegen Blitz und Hagel und Hautkrankheiten gebeten.

Florian der Feuerpatron

Florian

4. MAI

Von Florian wissen wir, daß er in der zweiten Hälfte des 3. Jahrhunderts in Zeiselmauer bei Wien geboren und von seinen Eltern im christlichen Glauben erzogen wurde. Als junger Mann verbrachte er einige Jahre als Offizier im römischen Heer. In Cetium, dem heutigen St. Pölten in Niederösterreich, vertrat er später den kaiserlichen Statthalter.
Florian starb am 4. Mai 304 als Märtyrer. Als Todesjahr wird bei einigen Quellen auch 297 angegeben.

Als Florian hörte, daß der römische Statthalter Aquilin auf Befehl des Kaisers auch in der Provinz Norikum (Österreich) die Christen grausam verfolgte und in Lauriacum (Lorch bei Enns) vierzig Menschen getötet werden sollten, machte er sich sofort auf, um sie zu retten.
Kurz bevor er ans Ziel kam, begegnete er ein paar bewaffneten römischen Soldaten.
An seinem Gewand erkannten sie in Florian den kaiserlichen Beamten und grüßten ihn ehrerbietig.
„Es herrscht kein Krieg im Land. Was wollt ihr mit Euren Dolchen und Speeren?" fragte Florian die Männer.
„Wir jagen Christen", lachten sie.
„Ihr braucht nicht weiter zu suchen", sagte Florian. „Hier steht einer vor euch."
Zuerst glaubten sie, Florian erlaube sich einen Scherz mit ihnen, doch sie merkten bald, daß es ihm ernst war.
Sie fesselten ihn und brachten ihn vor den Statthalter.
Aquilin schaute Florian ungläubig an.

„Ist es wirklich wahr, was die Soldaten mir erzählt haben?" fragte er.

„Ja", antwortete Florian. „Ich bekenne mich zu Jesus Christus."

„Ich will vergessen, was du eben gesagt hast", sagte Aquilin. Ich rate dir, den Befehlen unseres Kaisers zu gehorchen und den Göttern zu opfern."

„Ich bin bereit, dem Kaiser meinen Körper zu opfern, aber nicht meine Seele", sagte Florian.

Da wurde Aquilin zornig: „Also beweise mir, wer stärker ist, dein Körper oder deine Seele?"

Er ließ seine Folterknechte kommen und Florian mit Stöcken schlagen.

„Mein Gott, ich danke dir, daß du mich prüfst", betete Florian. „Gib mir die Kraft, mich deiner würdig zu erweisen."

Je mehr der Statthalter seinen Leib quälen ließ, umso stärker wurde seine Seele.

„Bringt ihn weg. Werft ihn in den Fluß", befahl Aquilin.

Die Männer banden einen Mühlstein um Florians Körper und brachten ihn auf die Brücke, die über die Enns führte. Während Florian betete, besprachen sie sich, wer ihn ins Wasser stoßen sollte.

Unter den Schaulustigen war auch ein Bursche, der sich über die zögernden Männer lustig machte.

Er trat hinter Florians Rücken und gab ihm einen heftigen Stoß, so daß er über die Brücke ins Wasser stürzte.

Aber als er sich lachend der Menge zuwandte, um für seine Tat bewundert zu werden, sah er niemanden, der ihn beklatschte.

Er war blind geworden.

Florians Leichnam versank trotz des schweren Steins nicht in den Fluten, sondern wurde von den Wellen auf eine Uferbank getragen.

Eine Frau, namens Valeria, nahm den Leichnam auf, pflegte und salbte ihn und ließ ihn auf einem mit zwei Ochsen bespannten Wagen auf ihren Hof fahren. In ihrem Garten fand Florian ein würdiges Grab, an dem bald viele Wunder geschahen.

Über Florians Grab entstand später das Chorherren-Stift Sankt Florian.

Dargestellt wird Florian als Ritter mit Banner, Schild und Lanze, einem Mühlstein am Arm oder zu Füßen und mit einem Wasserkübel in der Hand. Als Kind soll Florian ein brennendes Haus gelöscht haben.

Verehrt wird er vor allem in Österreich, Bayern, Böhmen und Ungarn. Florians Bild hängt auch heute noch in vielen Bauernstuben. Er schützt gegen Wasser- und Feuergefahren, wird aber auch bei Trockenheit und Dürre um Hilfe angerufen.

Nicht nur Geschichten und Legenden, auch viele lustige und ernste Sprüche sind um Florian entstanden.

Er ist der Schutzpatron der Bierbrauer, Kaminfeger, Seifensieder und vor allem der Feuerwehrleute. St. Florian, Krakau und Bologna haben ihn zu ihrem Stadtheiligen erkoren.

Beatus

9. MAI

Über Beatus besitzen wir keine historischen Belege. Es wird vermutet, daß er schon im 1. Jahrhundert nach Christi Geburt im Gebiet der Innerschweiz und in der Gegend des Brienzer- und Thunersees missioniert hat. Andere Legendenforscher glauben, der schottische Mönch, Sohn einer vornehmen Familie, hätte erst Ende des 8. Jahrhunderts gelebt und sei aus dem Kloster Honau im Elsaß in die Schweiz gekommen.

Nachdem Beatus sich zum neuen Glauben bekehrt hatte, verschenkte er sein ganzes Vermögen und machte sich auf, um auch andern Menschen zu erzählen, was ihm widerfahren war.

In Rom lernte er den Apostel Petrus kennen, der ihn zum Priester weihte und ihm von der Zeit berichtete, die er mit Jesus verbracht hatte.

„Nicht nur die Menschen in den Städten, auch die Bauern und Fischer in den einsamen Alpentälern sollen die neue Botschaft hören", sagte Beatus.

Mit seinem Freund Achates zog Beatus auf beschwerlichen Wegen über die hohen Berge. Sie kamen an den Vierwaldstättersee und später ins Gebiet des Brienzer- und Thunersees.

Dort beschlossen Beatus und Achates zu bleiben.

Sie flochten Matten und Körbe aus Weidenruten, verstanden es, die Fischernetze zu flicken und wollten nichts anderes dafür als das, was sie jeden Tag zum Leben brauchten.

Die Hirten und Fischer begegneten den Fremden zuerst mit Mißtrauen.

Aber als sie sahen, wie die beiden Männer sich Mühe gaben, ihre Sprache zu lernen und mit den Händen zu arbeiten, fingen sie an, ihnen zuzuhören.

„Ihr braucht vor der Rache eurer Götzen keine Angst mehr zu haben", verkündete Beatus. „Der unsichtbare Gott, von dem ich euch erzähle, ist die Liebe."

Beatus schien auch den Drachen, der in der Gegend sein Unwesen trieb, nicht zu fürchten. Aber niemand wollte ihn und Achetes zu der Stelle rudern, wo der Drache hauste.

Endlich erklärte sich ein junger Fischer bereit, die Fahrt zu wagen.

Da erhob sich unerwartet ein Sturm.

„Wir fahren trotzdem", sagte Beatus.

Kaum stiegen die drei Männer ins Boot, beruhigte sich das Wetter wieder. Am andern Ufer angekommen, gebot Beatus Achetes und dem Fischer, im Boot auf ihn zu warten.

Vor ihm lag eine steile, mit Büschen bewachsene Felswand, und plötzlich stand er vor einer Höhle. Als er sie betreten wollte, hörte er ein Fauchen. Aus dem Dunkel kam ihm mit aufgesperrtem Maul der Drache entgegen.

Beatus erhob seine Arme, schlug das Kreuz und sagte: „Dieses Zeichen ist stärker als du und das Böse."

Da bäumte sich der Drache auf und setzte mit einem riesigen Sprung über die Felsen hinweg in den See hinein. Dort versank er und wurde nie wieder gesehen.

Beatus aber sagte: „Die Drachenhöhle ist der richtige Ort, um mich auf die Ewigkeit vorzubereiten."

Achetes blieb unter den Menschen und verkündete ihnen weiterhin die neue Botschaft.

Beatus zog sich in die Einsamkeit zurück und starb im hohen Alter.

Wie Gallus und Fridolin gehört Beatus zu den berühmten Glaubensboten der Schweiz. Viele Mädchen und Buben tragen seinen Namen. Er bedeutet ‚der/die Glückliche'. Darstellungen aus früherer Zeit gibt es nur wenige. Eine Holzfigur aus dem fünfzehnten Jahrhundert in Rechberghausen in Württemberg stellt ihn als Mönch dar, einen Drachen zu seinen Füßen. Im 13. Jahrhundert begannen die Wallfahrten zur Beatushöhle. Heute ist sie ein beliebtes Ausflugsziel.

Nur ein Taglöhner

Isidor

15. MAI

Isidor war das Kind eines Taglöhners. Geboren wurde er im Jahre 1070 in der Nähe von Madrid. Isidor konnte weder lesen noch schreiben.

Als Idisor zu einem Mann herangewachsen war, trat er in den Dienst eines adligen Grundbesitzers. Johannes von Vergas, so war sein Name, betraute Isidor mit der Aufgabe, einen Teil seiner Felder in der Nähe Madrids zu besorgen. Isidor verheiratete sich mit der Magd Maria Toribia. Das Wenige, was sie hatten, teilten sie mit den noch Ärmeren. Niemand wurde ohne einen Trunk frischen Wassers oder ein Stück Brot von ihrer Tür gewiesen. Isidor starb am 15. Mai 1130.

Isidor pflegte das Land seines Herrn, als wäre es sein eigenes. Die Arbeit auf den steinigen Äckern war hart.

Jeden Morgen ging er in die Kirche, um zu beten und Gott um Hilfe zu bitten. Davon konnte ihn niemand abhalten.

Seine Art war den andern Pächtern des Gutsherrn fremd, und sie betrachteten Isidors Tun voller Mißtrauen. Nie kam ein Fluch über seine Lippen. Er wünschte keinem Menschen etwas Böses, und auch mit seinen Tieren war er freundlich und geduldig. Was er anpackte, gelang ihm.

Die eifersüchtigen Männer versuchten, ihn beim Gutsherrn zu verleumden. „Statt zu arbeiten, verbringt er seine Zeit mit frommen Reden und mit Beten", sagten sie.

Johannes von Vergas schenkte den Verleumdungen der Knechte zuerst keinen Glauben, aber als sie damit nicht aufhörten, wollte er sich selbst überzeugen.

Eines Tages ritt er in der Frühe auf seine Felder hinaus. Es stimmte, was man ihm erzählt hatte: Während sie alle schon bei der Arbeit waren, saß Isidor noch immer in der Kirche.

Ich werde ihn tadeln und für seine Faulheit bestrafen müssen, dachte der Gutsherr.

Doch als er Isidor aus der Kirche herausholen wollte, sah er plötzlich zwei Engel, die mit einem von weißen Stieren bespannten Pflug über Isidors Acker fuhren.

Johannes von Vergas kehrte voller Hochachtung für seinen Knecht in die Stadt zurück.

Im Herbst war Isidors Ernte viel reicher als die der andern. Der Gutsherr wußte warum und belohnte ihn dafür mit vielen Geschenken.

Als Isidor einmal mitten im Winter einen Sack mit Getreide zur Mühle brachte, sah er eine Schar hungriger Vögel. Ohne zu zögern, öffnete er seinen Sack und streute den Vögeln soviel Körner auf die gefrorene Erde, bis sie alle satt waren. Ein Bursche, der ebenfalls auf dem Weg zur Mühle war, machte sich lustig über ihn.

„Was soll dein Mitleid mit den unnützen Tieren", spottete er. Aber in der Mühle brachten Isidors verbliebene Körner doppelt soviel Mehl wie die seinen, und der Sack wurde voller als vorher. Nun schwieg der Knecht beschämt und fing an zu glauben, daß es Dinge gab, die nicht mit dem Verstand zu begreifen waren.

Noch heute wird in der Nähe der spanischen Hauptstadt ein Brunnen besucht, den Isidor selbst gegraben haben soll, um Wanderer mit Wasser zu erfrischen. Als man vierzig Jahre nach seinem Tod sein Grab öffnete, waren sein Körper und seine Kleider noch unversehrt.

Isidor wird mit einem Dreschflegel dargestellt. Er ist der Patron Madrids, aber er wird auch von den Bauern Süddeutschlands geachtet und verehrt.

Der Brückenheilige

Johannes von Nepomuk

16. MAI

Nepomuk (auch Pomuk) ist der Name des Ortes in der Nähe von Pilsen in Böhmen, in dem Johannes im Jahr 1350 geboren wurde. Er war der Sohn eines Richters. Lesen und Schreiben lernte er bei den Mönchen in seiner Heimatstadt. Später studierte er in Prag und Padua Theologie und Kirchenrecht. Mit dreißig Jahren wurde er Pfarrer an der Galluskirche in Prag. 1389 ernannte ihn der Erzbischof zu seinem Generalvikar.

In Prag stritten sich König Wenzel und der Erzbischof um den Besitz des Klosters von Kladrau. Als sich Johannes von Nepomuk für die Rechte der Kirche wehrte, ließ der König ihn gefangen nehmen. Nach der Überlieferung folterte er ihn mit eigenen Händen. Als der Priester standhaft blieb, wurde er zum Tode verurteilt und am 16. Mai 1393 von der Karlsbrücke in die Moldau geworfen.

Der wahre Grund seiner Verurteilung bleibt ungeklärt. In einer fünfzig Jahre nach der Ermordung geschriebenen Kaiserchronik wird Johannes von Nepomuk auch als Beichtvater der Königin erwähnt. In dem Bericht wird erzählt, er sei ermordet worden, weil er sich geweigert habe, dem König die Beichtgeheimnisse seiner Gattin preiszugeben.

Ende des 14. Jahrhunderts, als Wenzel der Vierte in der Stadt Prag als König von Böhmen und Kaiser von Deutschland regierte, lebte auch ein Priester namens Johannes von Nepomuk. Wenzel war jähzornig. Unter seinen Launen hatte auch die Königin zu leiden.

Nur ihr Beichtvater, Johannes von Nepomuk, wußte um ihre Not.

Der König war eifersüchtig auf das Vertrauen, das seine Frau dem Priester schenkte.

Eines Tages ließ er ihn zu sich rufen.

„Ich will wissen, was die Königin dir heute gebeichtet hat."

„Nein", sagte Nepomuk. „Das darf ich dir nicht sagen."

Der König versuchte es mit Geschenken, dann mit Drohungen.

Als er merkte, daß der Priester standhaft blieb, begann er ihn zu hassen.

Eines Tages wurde dem König in Gegenwart Nepomuks ein schlecht gebratenes Hühnchen vorgesetzt. Er befahl, den Koch am Feuer, an dem er das Hühnchen zubereitet hatte, zu verbrennen. Johannes von Nepomuk verteidigte den Mann.

„Wie kannst du es wagen, dich in meine Angelegenheiten einzumischen", schrie Wenzel den Priester an. „Sperrt ihn ein." Nach einigen Tagen ließ er ihn wieder frei und lud ihn zum Essen ein.

Doch Nepomuk weigerte sich auch diesmal, das Beichtgeheimnis der Königin preiszugeben.

Da begann der König ihn eigenhändig mit brennenden Fakkeln zu quälen.

Nepomuk ahnte, daß der König seinen Tod beschlossen hatte.

Er verabschiedete sich von seinen Freunden und begab sich auf eine Wallfahrt.

Als der König ihm nach seiner Rückkehr auf der Straße begegnete und in sein verklärtes Gesicht sah, packte ihn eine solche Wut, daß er befahl, ihn von neuem gefangenzunehmen. An Händen und Füßen gefesselt und mit Steinen beschwert, wurde er in die Moldau geworfen. Doch der Leichnam tauchte wieder empor. Es wurde plötzlich so hell, daß viele Leute erwachten und nach der Ursache des Lichts forschten. Bald erkannten sie den Leib Nepomuks, der auf dem Wasser trieb. Er war von einem überirdischen Glanz

umgeben. Allen, die am Ufer und auf der Brücke standen, war es, als seien die Sterne ins Wasser gestürzt.

Auch die Königin war erwacht. Sie wollte ihren Mann zur Rede stellen, doch der König war aus der Stadt geflohen, voller Angst und verzweifelt über seine Tat, die nun durch das Wunder offenbar geworden war.

Das geschah am Abend vor Christi Himmelfahrt am 16. Mai im Jahre 1393. Als dreihundert Jahre danach Nepomuks Grab geöffnet wurde, war seine Zunge unversehrt geblieben.

Das Grab Johannes von Nepomuks befindet sich im Veitsdom in Prag. Er wurde im Jahr 1729 heilig gesprochen.

Er wird als Priester mit einem Kruzifix und der Zunge in der Hand dargestellt, auch mit dem Zeigefinger auf den Lippen. Sein Haupt ist von einem Kranz mit fünf Sternen umgeben.

Eine Marmorplatte auf der Prager Karlsbrücke bezeichnet heute noch die Stelle, an der Nepomuk in die Moldau gestoßen wurde. So gilt Johannes von Nepomuk nicht nur als Verteidiger des Beichtgeheimnisses, sondern auch als Beschützer der Brücken. Er ist der Heilige der Beichtväter, der Flößer, Schiffer, Müller und Brückenbauer. Eine silberne Nepomukszunge um den Hals soll den Träger vor Zungenkrankheiten, Verleumdung und übler Nachrede bewahren.

Nepomuk ist der Patron Böhmens und der Städte Salzburg, Santander, Seckau und Prag.

Der heilige Narr

Philipp

Philippo Neri wurde 1515 in Florenz als Sohn eines Rechtsanwalts geboren. Mit achtzehn Jahren schickte ihn sein Vater zu einem kinderlosen Onkel in der Nähe von Rom. Bald zeigte der junge Mann keine Lust mehr, dessen Geschäft zu übernehmen. Er lebte eine Zeitlang als Erzieher bei einer florentinischen Familie, dann studierte er Philosophie und Theologie. Viel lieber aber lief er in den Straßen der Stadt herum, sprach mit den Leuten und kümmerte sich um Hungernde und Kranke.
Zusammen mit einem Priester, seinem Beichtvater, gründete er ‚Die Bruderschaft zur Pflege von Pilgern und Genesenden'.
Auf Drängen der Kirche ließ er sich mit sechsunddreißig Jahren zum Priester weihen.
Nicht nur die Gassenjungen, sondern auch die Handwerker und Händler faßten Vertrauen zu ihm. Viele Leute machten sich lustig über ihn. Doch das kümmerte ihn wenig. Er besaß etwas Seltenes: Humor und Demut.
Philippo starb im Jahr 1595.

Einmal war Philippo beim Papst zu Besuch. Da hörte er, wie ihm ein Priester von einer Nonne erzählte.
„Sie müßte heilig gesprochen werden", sagte der Priester. „Es gibt wohl keine andere Ordensfrau, die so fromm ist wie sie."
Der Papst wandte sich an Philippo:
„Ich erteile dir den Auftrag, die Wahrheit dieser Behauptung zu untersuchen."
Das Kloster, in dem die Nonne wohnte, lag außerhalb Roms.

Philippo machte sich unverzüglich auf den Weg.

Zuerst ließ er sich bei der Äbtissin melden.

Auch sie konnte kaum genug tun, die Frömmigkeit ihrer Glaubensschwester zu rühmen.

Nun bat Philippo, der Nonne persönlich vorgestellt zu werden. Die Äbtissin dachte, Philippo wolle sich mit der frommen Frau über göttliche Dinge unterhalten. Aber als sie mit gefalteten Händen ins Zimmer trat, streckte er ihr seine schmutzigen Stiefel entgegen.

„Bitte", sagte er, „zieh mir die Stiefel aus."

Die Nonne wurde rot vor Zorn.

„Was stellst du dir eigentlich vor", sagte sie empört. „Ich bin die Braut von Jesus Christus."

„Ich verstehe", sagte Philippo gelassen.

Er erhob sich und ritt auf seinem Esel in die Stadt zurück.

Der Papst war erstaunt, Philippo so schnell wiederzusehen.

„Was hast du mir zu berichten?" fragte er neugierig.

Philippo lachte.

„Die himmlische Braut ist eine fromme Ziege", sagte er, „nichts anderes."

„Warum?" wollte der Papst wissen.

„Zu einer Heiligen fehlt ihr das Wichtigste."

„Und was ist das?"

„Demut."

Eines Tages kam ein vornehmer Prinz zu Philippo und wollte in seine Bruderschaft zur Pflege der Pilger und Kranken aufgenommen werden.

Philippo willigte ein, aber er spürte bald, daß der Wunsch des Prinzen nur eine Laune war.

Nach einigen Monaten bat der Prinz, das Ordenskleid tragen zu dürfen.

„Gern", sagte Philippo, „aber zuerst mußt du eine Prüfung bestehen."

„Und was soll das für eine Prüfung sein?" fragte der Prinz.

Philippo holte einen Fuchsschwanz und band ihn dem Jungen hinten an den Rock.

„Damit sollst du mit ernstem Gesicht durch die Straßen Roms spazieren", sagte er.

„Was denkst du dir eigentlich", sagte der Prinz entrüstet. „Du solltest froh sein, einen echten Prinzen unter deinen Brüdern zu haben. Ich habe mich gemeldet, um geehrt zu werden, und nicht, um mich vor den Leuten lächerlich zu machen."

„Dann bist du für uns nicht der Richtige", lächelte Philippo.

„Wir haben uns nicht zusammengetan, um geehrt zu werden, sondern um der Ehre im Dienste unserer armen Brüder zu entsagen."

Darauf nahm der Prinz seinen Abschied und ließ sich nie wieder sehen.

Philippo Neri wird mit einem Stock, einem Rosenkranz und einem flammenden Herzen dargestellt. Er ist der Beschützer Roms und Mantuas, der Heilige des Volkes. Sein Grab befindet sich in der von ihm gebauten Kirche ‚Chiesa Nuova'.

In seinem Buch ‚Italienische Reise' erzählt auch Goethe einige Legenden über Philippo und nennt ihn ‚den Heiligen mit Humor'.

Erasmus

2. JUNI

Erasmus lebte zur Zeit Diokletians um 300. Er stammte aus Antiochien. Dort ernannten ihn die Christen zum Bischof. Vom Kaiser verfolgt, flüchtete er nach dem Libanon.
Nach seiner Rückkehr wurde er vor ein Gericht gestellt und gefoltert. Der Legende nach überstand er alle Martern.
Erasmus soll im Jahr 303 im hohen Alter in Formia in der Campagna gestorben sein. Andere Überlieferung glauben, er sei unter Diokletian hingerichtet worden.

Als Erasmus im Libanon das Leben eines Einsiedlers führte und Gott anflehte, die verfolgten Christen zu beschützen, brachte ihm ein Rabe jeden Tag die Nahrung, die er zum Überleben brauchte.
Eines Tages erschien ihm ein Engel, der ihm gebot, nach Antiochia zurückzukehren. Aber kaum zu Hause angekommen, wurde er von den Soldaten Diokletians gefangen genommen und brutal gefoltert. Er wurde in einen Kessel mit heißem Öl gestellt. Da kam der Engel wieder, um ihm Kühlung zuzufächeln. Unversehrt stieg Erasmus aus dem Kessel. Das herausspritzende Öl aber traf den Kaiser, der aufschrie und Erasmus verzweifelt bat, seine Schmerzen zu lindern.
Trotzdem hörte er nicht auf, Erasmus zu quälen.
Aber wieder war es ein Engel, der Erasmus zu Hilfe kam. Es war der Erzengel Michael selbst, der ihn an die Hand nahm, aus dem Kerker befreite und nach Italien führte.
Auf dem Schiff, das Erasmus und seinen Engel übers Meer brachte, wunderten sich die andern Passagiere über Eras-

mus. Sie bemerkten staunend, daß von ihm ein Licht ausging, das auch in der Dunkelheit nicht erlosch.

Eines Morgens erhob sich ein Sturm. Das Schiff wurde wie eine Nußschale hin- und hergeworfen. Der Kapitän, die Mannschaft und die Passagiere verloren jede Hoffnung, noch lange am Leben zu bleiben.

Da stand Erasmus auf, breitete seine Arme aus und begann laut zu beten. Sogleich beruhigte sich der Wind, die Wellen glätteten sich, und das Schiff konnte ruhig seinem Ziel entgegenfahren. In Formia, in der Campagna, lebte Erasmus als guter Seelsorger bis ins hohe Alter.

Erasmus Gebeine wurden im 9. Jahrhundert nach Gaeta bei Neapel überführt, wo über seinem Grab eine Kirche entstand.

Dargestellt wurde Erasmus am Anfang mit dem Raben, der ihn ernährte, später auch als Märtyrer: Er steht in einem Kessel mit siedendem Öl oder auch mit durch die Fingernägel getriebenen Pfriemen. Manchmal wird er auch mit einer Seilwinde dargestellt. Sie wurde irrtümlicherweise als ein Märtyrerwerkzeug angesehen, aber sie erinnert an die Überfahrt nach Italien und zeigt ihn als Patron der Seeleute.

Er ist auch der Beschützer der Drechsler, der gebärenden Frauen und aller Haustiere.

Er hilft gegen Koliken, Krämpfe und heilt erkranktes Vieh im Stall.

Erasmus gehört zu den Vierzehn Nothelfern. Er wird an den Küsten von Spanien, Italien und Portugal besonders verehrt und dort ‚Sankt Elmo‘ genannt.

Norbert

6. JUNI

Norbert war der Sohn eines Adligen vom Niederrhein. Er brachte
es zu hohem Ansehen und führte ein sorgloses Leben.
Eines Tages wurde er auf einem Spazierritt von einem Gewitter
überrascht. Zu den Füßen seines Pferdes schlug ein Blitz in die
Erde und hätte ihn beinahe getötet. Für Norbert war dieser Blitz
ein Zeichen des Himmels. Er beschloß, sein Leben zu ändern, verschenkte sein Vermögen den Armen und wurde Priester. Als Prediger wanderte er durch Deutschland, Frankreich und Belgien.
Später zog er sich nach Prémontré zurück. Mit dreizehn gleichge-
sinnten Brüdern baute er eine verfallene Kirche wieder auf. Als
sich immer mehr Männer um ihn sammelten, wurde daraus eine
Klostergemeinschaft. Sie lebten nach den refomierten Regeln des
heiligen Augustinus und nannten sich Norbertiner oder Prämon-
stratenser.
Gegen seinen Willen wurde Norbert zum Bischof von Magdeburg gewählt. Als er in den Bischofspalast einzog, kam er zum Är-
ger der kirchlichen Würdenträger barfuß und mit einer einfachen
Kutte angetan.
Norbert starb am 6. Juni 1134 in Magdeburg.

Als Norbert in Prémontré weilte, entdeckten seine Brüder
beim Holzsammeln einen Wolf, der eben dabei war, ein
Reh zu verschlingen. Mit Holzknebeln und lautem Geschrei
erschreckten sie das Tier. Es ließ seine Beute fallen und
flüchtete.
Die Mönche lachten und nahmen das tote Reh mit nach
Hause. Sie hängten es an eine Wand, um ihm die Haut abzu-
ziehen und das Fleisch selber zu essen.

Plötzlich stand der Wolf vor dem Eingang des Klosters. Die Brüder versuchten ihn zu vertreiben. Es gelang ihnen nicht.

Norbert, der in seiner Zelle saß, wunderte sich über den ungewohnten Lärm und schaute nach, was los war.

Als der Wolf den Abt erblickte, setzte er sich wie ein zahmer Hund nieder und schaute ihn mit vorwurfsvollen Augen an.

Da sagte Norbert zu seinen Brüdern: „Es muß einen Grund haben, daß dieser Wolf vor unserer Türe sitzt und sich nicht verscheuchen läßt."

Die Brüder erzählten ihm mit schlechtem Gewissen, was sie getan hatten.

„Also ist es sein Recht, sich zu beklagen", sagte Norbert. „Ihr habt ihn um seine Beute betrogen. Gebt ihm sofort zurück, was ihm gehört."

Die Brüder sahen ihr Unrecht ein und baten den Wolf um Verzeihung. Der Wolf schien zufrieden. Ohne den Mönchen ein Leid anzutun, nahm er seine Beute zwischen die Zähne und trottete davon.

Norbert wird meistens in der Tracht eines Bischofs dargestellt. In der einen Hand hält er den Kreuzstab, in der andern einen Kelch. Oft sitzt zu seinen Füßen ein kleiner Teufel und erinnert daran, daß er während seiner Zeit als Wanderprediger böse Geister austrieb. Weil es ihm gelang ein totgeborenes Kind zum Leben zu erwecken, ist Norbert der Schutzpatron der Wöchnerinnen.

Antonius von Padua

Antonius

13. JUNI

Antonius wurde im Jahr 1195 in Lissabon geboren. Er war der Sohn einer vornehmen Familie und hieß Fernando Bullone. Mit fünfzehn Jahren trat er in den Orden der Augustiner Chorherren ein und beschäftigte sich zehn Jahre lang mit dem Studium der Heiligen Schrift.

Als Fernando von fünf Brüdern des Franz von Assisi hörte, die in Marokko den Märtyrertod erlitten hatten, beschloß er, ein Franziskaner zu werden und sich Antonius zu nennen. Auf einer Missionsreise nach Nordafrika überfiel ihn eine schwere Krankheit. Er mußte wieder umkehren. Doch sein Schiff verlor im Sturm die Richtung und landete auf Sizilien.

Kaum hatte sich Antonius von seiner Krankheit etwas erholt, machte er sich auf den Weg nach Assisi, um Franziskus, sein großes Vorbild, kennenzulernen.

Als er in Assisi ankam, waren dreitausend Brüder zum jährlichen Ordenskapitel versammelt, und niemand beachtete den jungen Gelehrten aus Portugal. In einem Kloster verrichtete er die einfachsten Arbeiten. Viele Brüder hielten den schweigsamen Mönch für schwachsinnig. Erst als er während einer Feier von einigen Mönchen zum Spaß aufgefordert wurde, eine Predigt zu halten, erfuhren sie die Wahrheit und staunten über seine Rednergabe.

Franziskus erteilte ihm die Aufgabe, durch das Land zu ziehen und in den Städten zu predigen.

Antonius starb mit 36 Jahren. Die letzte Zeit seines Lebens verbrachte er in Padua. In Padua steht auch die große, ihm geweihte Basilika.

Als Antonius einmal nach Rimini kam, um zu predigen, war die Kirche leer. Die vielen Ungläubigen in der Stadt fürchteten sich vor der Gewalt seiner Worte. Da ging Antonius ans Ufer des Meeres und begann, laut zu sprechen. Sogleich kamen Tausende von kleinen und großen Fischen angeschwommen und hörten ihm andächtig zu. Wie Franziskus den Vögeln, predigte er nun den Fischen und lobte Gott, der sie alle erschaffen hatte.

Vor Freude sprangen die Fische in die Luft und klatschten mit ihren Flossen auf das Wasser.

Einige Fischer, die am Wasser ihre Netze flickten, liefen davon, um allen Leuten zu erzählen, was sie gesehen hatten. Bald war die ganze Stadt am Meeresufer versammelt, und viele Männer und Frauen waren bereit, ihre Herzen dem Wort Gottes zu öffnen.

Nur ein Mann namens Bonvillo sagte: „Dieser Antonius hält Euch zum Narren. Ein Fisch, der seinen Kopf aus dem Wasser streckt, ist für mich noch lange kein Wunder."

„Was wäre denn für dich ein Wunder?" fragte ihn Antonius.

Bonvillo lachte: „Wenn ich meinem Esel drei Tage lang kein Futter mehr gebe und wenn er nach dieser Zeit Heu und Hafer verschmäht, um die Heilige Hostie anzubeten, so könnte ich wohl an deinen Gott glauben."

„Gut", sagte Antonius. „Laß es uns versuchen."

Nach drei Tagen nahm Antonius die Hostie in die Hand, und der Mann legte seinem Esel das Futter vor. Doch das Tier beachtete weder das Heu noch den Hafer, wandte seinen Kopf andächtig der Hostie zu und verharrte lange Zeit ohne sich zu rühren.

„Du hast gewonnen", sagte der Mann.

Antonius wird als junger Franziskaner dargestellt. In der rechten Hand hält er eine Lilie und auf dem rechten Arm trägt er das Jesuskind.

Auch ein Buch oder ein Fisch oder ein Esel gehören zu seinen

Attributen. Besonders verehrt wird er von den Italienern, die ihn einfach ‚il Santo' nennen. Kinder und Erwachsene, die etwas verloren haben, rufen ihn um Hilfe an.

Er ist auch der Schutzheilige der Franszikanermönche, der Bergleute und Verliebten.

Benno

16. JUNI

Benno, Graf von Bultenberg, stammte aus Sachsen. Geboren wurde er im Jahr 1010 in Hildesheim. Mit dreißig Jahren wurde er zum Abt des Klosters St. Michael in Hildesheim gewählt. Er fühlte sich der Aufgabe nicht gewachsen und bat seine Brüder, einen andern an seine Stelle zu setzen. Darauf verbrachte er sechzehn Jahre als Probst im Chorherrenstift von Goslar.

1066 wurde er Bischof von Meißen. Er versah das Amt mit Klugheit und Güte. Ein wichtiges Anliegen war ihm die Bekehrung der heidnischen Sachsen und Slawen zum Christentum. Dies trug ihm später den Titel ‚Apostel der Slawen‘ ein.

Benno unterstützte die Sachsen im Aufstand gegen den Kaiser Heinrich IV. Das Land wurde von den Truppen Heinrichs geplündert. Der Bischof wurde als Verräter gefangen genommen, aber mangels Beweisen wieder freigelassen. 1085 bestimmte der Kaiser einen Gegenbischof für das Bistum Meißen. Benno flüchtete nach Rom in die Nähe des Papstes, der den Kaiser exkommuniziert hatte.

Nach drei Jahren konnte Benno in sein Amt als Bischof zurückkehren. Er versah es bis zu seinem Tod am 16. Juni 1106.

G egen Ende des 11. Jahrhunderts geriet der deutsche Kaiser Heinrich IV. mit Papst Gregor VII. in Streit. Der Kaiser berief die deutschen Bischöfe nach Worms, um den Papst mit ihrer Hilfe abzusetzen.

Benno, der Bischof von Meißen, weigerte sich, der Einladung des Kaisers Folge zu leisten und reiste nicht nach Worms, sondern nach Rom.

Vor seiner Abreise übergab er die Schlüssel zum Dom zwei befreundeten Chorherren.

„Sollte der Kaiser den Dom betreten wollen, bitte ich euch, die Schlüssel in die Elbe zu werfen."

Nach drei Jahren war der Kaiser gezwungen, seinen Widerstand gegen den Papst aufzugeben. Benno beschloß, als unbekannter Reisender nach Meißen zurückzukehren.

Nur seine Freunde erkannten ihn wieder.

Während eines Essens im Bischofspalast fragte ihn ein kaiserlicher Graf: „Wie willst du wieder Bischof werden ohne die Schlüssel?"

Der Spötter wußte, daß Benno vor seiner Abreise befohlen hatte, sie in die Elbe zu werfen.

Benno schaute ihn ruhig an und sagte:

„Gott hat mir mein Bistum zurückgegeben, er wird mir auch die Schlüssel wieder geben."

Darauf wurde eine Schüssel mit einem großen Fisch aufgetragen. Als er zerlegt wurde, kamen in seinem Bauch die Schlüssel zum Vorschein.

Die Kunde der wunderbaren Fügung verbreitete sich in Windeseile in der ganzen Stadt. Vor dem Dom versammelte sich eine jubelnde Menge Volk, um Benno in allen Ehren in die Kirche zu geleiten.

Benno aber stieg auf die Kanzel und hielt eine so wunderbare Predigt, daß allen Zuhörern die Tränen kamen.

Benno wurde am 16. Juni 1524 heilig gesprochen. Um seine Reliquien vor den Reformatoren in Sicherheit zu bringen, wurden sie im Jahr 1576 dem Herzog von Bayern geschenkt, der sie 1580 nach München überführte.

In der Frauenkirche sind sie, zusammen mit Bennos Mantel, auch heute noch zu sehen.

Der Heilige Benno wurde aus diesem Grund nicht nur der Patron des Bistums Dresden-Meißen, sondern auch von Bayern und seiner Hauptstadt München.

Dargestellt wird Benno im Bischofsgewand. Er hält einen Stab und ein Buch in der Hand, auf dem ein Fisch und die Schlüssel liegen.

Benno wird in Dürrezeiten um Regen angerufen, bei allzuviel Nässe aber auch um schönes Wetter.

Er ist der Schutzheilige der Fischer und Tuchmacher.

Goar

6. JULI

Goar stammte aus einer vornehmen Familie aus einer Gegend in der Nähe der Pyrenäen. Die Menschen liebten ihn. Er war fröhlich und zeigte Verständnis für ihre Nöte.
Als Priester zog er nach Deutschland und baute sich mit Erlaubnis des Bischofs von Trier zwischen Oberwesel und Boppard eine Einsiedlerklause.
Goar lebte im 6. Jahrhundert.

Für Goar, den Einsiedler, war Gott nicht jemand, der die Menschen bestrafte, sondern einer, der sie liebte und ihnen ihre Schwächen verzieh. Seine Klause stand auch den einfachen Leuten und den Armen offen. Es machte ihn glücklich, sie mit einem guten Essen und einem Becher Wein oder Bier zu bewirten, mit ihnen zu lachen und zu singen. Das kam auch einigen Beamten des Bischofs zu Ohren.
„Seine Zelle gleicht einer Gaststube für Lumpengesindel, Fresser und Säufer", sagten sie und konnten es kaum erwarten, ihrem Herrn von dem Treiben Goars zu berichten.
Der Bischof schickte zwei Männer nach Goar, um die Sache zu untersuchen und, im Falle der Wahrheit, den Einsiedler gleich mitzubringen. Er würde ihn bestrafen.
Die Verleumder freuten sich. Auch die beiden Beamten, die sich sogleich auf den Weg machten, gehörten zu ihnen.
Als sie bei Goar erschienen, begrüßte er sie freundlich und bot ihnen zu essen und zu trinken an.
„Was für eine Überraschung, bei einem Einsiedler ein so feines Mahl zu bekommen", sagten sie vorwurfsvoll.

„Wenn ihr mit Liebe essen würdet, was ich euch mit Liebe zubereitet habe, würdet ihr nicht so sprechen", sagte Goar mit heiterer Miene.

Die beiden Beamten nickten sich zu. Sie brauchten keine weiteren Beweise und sagten zu Goar: „Morgen früh wirst du uns zum Bischof begleiten. Er wünscht dich zu sehen."

Der Einsiedler, der sich keines Vergehens bewußt war, freute sich darüber.

Am folgenden Morgen stellte er ein kräftiges Frühstück auf den Tisch. „Das wird uns stärken", lachte er.

Doch die Beamten verzogen keine Miene. Um ihm eine Lehre zu erteilen, weigerten sie sich, etwas zu essen, und drängten zum Aufbruch.

Doch Goar frühstückte in aller Ruhe zu Ende, und was übrig blieb, schenkte er zwei Fremden, die zufällig vorbei kamen.

Unterwegs unterhielt Goar die Männer mit Geschichten, aber sie hatten keine Lust, ihm zuzuhören. Sie fühlten sich von Stunde zu Stunde elender und vermochten kaum noch aufrecht auf ihren Pferden zu sitzen.

Plötzlich brachen sie vor Schwäche zusammen.

„Hilf uns, wir sterben sonst vor Erschöpfung", klagten sie.

„Ach, hättet ihr doch mein Essen nicht verschmäht", sagte Goar bekümmert und ohne Schadenfreude. „Aber ich will Gott bitten, euch Hilfe zu schicken."

Da traten drei Hirschkühe aus dem Wald. Goar lockte sie mit sanfter Stimme zu sich her, molk sie und gab den beiden Männern von der Milch zu trinken.

Gestärkt ritten sie weiter und kamen gegen Abend wohlbehalten nach Trier.

Der Bischof wunderte sich, als seine beiden Beamten plötzlich nur Gutes über den Einsiedler zu berichten wußten. Trotzdem blieb er mißtrauisch.

„Ein Einsiedler hat die Aufgabe, zu fasten und zu beten und nicht mit seinen Besuchern zu essen und zu trinken", sprach er und befahl Goar, seine Lebensweise zu rechtfertigen.

Goar wußte nicht, wie er sich wehren sollte. Hilflos stand er vor dem Bischof und seinen Würdenträgern.

In diesem Augenblick brach ein Sonnenstrahl durch eine Mauerritze. Verwirrt durch die glänzende Pracht des Bischofspalastes, hielt Goar den Sonnenbalken für eine goldene Stange. Als er die Hitze in dem Raum nicht mehr ertrug, zog er seinen Mantel aus und hängte ihn über den Sonnenstrahl.

Staunend sahen der Bischof und alle, die Goar verleumdet hatten, daß der Mantel daran hängen blieb.

„Es gibt wohl verschiedene Arten, Gott zu dienen", sagte der Bischof.

Die Verleumder schämten sich und baten Goar um Verzeihung. Der Einsiedler kehrte in seine Klause zurück. Er würde auch in Zukunft ein fröhlicher Gastgeber sein und mit andern teilen, was er selbst geschenkt bekam.

Die Gastfreundschaft Goars kommt auch in den Darstellungen des Heiligen zum Ausdruck. Er hält einen Topf in der Hand. Zu seiner Seite stehen drei Hirschkühe. Ein Teufel auf seiner Schulter bedeutet, daß er von seinen Neidern und Feinden zu Unrecht angeklagt wurde.

Goar ist der Schutzpatron der Gastwirte, der Weinbauern, der Schiffer und Töpfer. Auch Menschen, die verleumdet werden, rufen ihn um Hilfe an.

Sein Grab in Sankt Goar wurde nach seinem Tode ein berühmter Wallfahrtsort.

Ora et labora

Benedikt von Nursia

11. JULI

Benedikt wurde um das Jahr 480 in Italien geboren. Sein Geburts-
ort Norcia (Nursia) liegt in Umbrien. Er war der Sohn vornehmer
Eltern und verlebte mit seiner Zwillingsschwester Scholastica
eine unbeschwerte Jugend.

Zum Studium schickte ihn der Vater nach Rom. Benedikt empörte
sich über die losen Sitten seiner Mitstudenten. Ohne das Studium zu beenden, verließ er die Stadt wieder.

In einer Höhle bei Subiaco fand Benedikt Ruhe und Zeit zum
Nachdenken.

So wurde er, kaum siebzehn Jahre alt, zu einem Eremiten.

Nach drei Jahren völliger Abgeschiedenheit wurde er von Hirten
entdeckt. Darauf baten ihn die Mönche des nahe bei Subiaco gelegenen Klosters Vicovaro, ihr Abt und Vorsteher zu werden. Doch
seine Strenge und sein Wunsch nach Ordnung schaffte ihm unter
den Klosterbrüdern Feinde. Sie versuchten, ihn zu vergiften. Das
Attentat mißlang. Benedikt kehrte enttäuscht in seine Höhle nach
Subiaco zurück.

Nun war er kein Unbekannter mehr. Von überall her kamen Männer, die das einfache Leben mit ihm teilen wollten. Mit ihnen
baute Benedikt sein erstes Kloster auf. Als es immer mehr wurden, die sich um ihn versammelten, gründete Benedikt in Montecassino, in der Nähe Roms, ein weiteres Kloster. Dort schrieb er
die berühmten Regeln für das mönchische Leben, die ‚Regula Be-
nedicti‘. Die Grundlage dieser Regel sind die lateinischen Worte
‚ora et labora‘, ‚bete und arbeite‘.

Benedikt starb am 21. März des Jahres 547.

Einer von Benedikts Lieblingsschülern in Montecassino war Maurus, der Sohn eines römischen Senators. Mit zwölf Jahren wurde der Junge von seinen Eltern zur Erziehung ins Kloster gebracht.

Die Mönche lächelten über ihn, weil er eifrig danach trachtete, es in allem dem großen Meister Benedikt gleichzutun.

Einmal fiel einer seiner Kameraden, Placidus, beim Wasserholen in den See und wurde von den Wellen mitgerissen.

Benedikt und Maurus, die in der Nähe standen, erschraken.

„Versuche ihn zu retten", sagte Benedikt zu Maurus.

Maurus konnte nicht schwimmen, aber nie wäre es ihm eingefallen, einen Wunsch Benedikts nicht zu erfüllen.

Ohne sich zu besinnen, lief er ans Ufer und ins Wasser hinein.

Und siehe da, er versank nicht. Er lief auf dem Wasser, als hätte er festen Boden unter den Füßen. Er zog den aus dem Wasser auftauchenden Placidus empor und brachte ihn ans Ufer zurück.

„Dein Segen hat mir geholfen und ein Wunder vollbracht", sagte Maurus zu Benedikt.

„Nein", antwortete Benedikt, „nicht mein Segen hat das Wunder vollbracht, sondern dein Gehorsam."

Als der für seine Grausamkeit berüchtigte König der Goten, Totila, nach Italien kam, hörte er auch von Benedikt und den Wundern, die er vollbracht hatte.

Das Glas, in dem die Mönche von Vicovaro ihn mit vergiftetem Wein töten wollten, zersprang in dem Augenblick, als Benedikt es an seine Lippen setzte. Beim zweiten Versuch, ihn umzubringen, entwich dem Becher mit dem tödlichen Trank eine Schlange.

Einen Novizen, der von einer einstürzenden Mauer erschlagen worden war, erweckte er wieder zum Leben.

Totila spottete über die Geschichten, die ihm von Benedikt erzählt wurden. Vor allem zweifelte er an seiner Gabe, viele

Dinge vorauszusehen und sich von niemandem täuschen zu lassen.

Eines Tages ließ er sich bei Benedikt als Besucher melden. Doch an seiner Stelle schickte er einen Mann aus seinem Gefolge namens Rigo.

Als Benedikt den Mann im Gewand des Königs erblickte, sagte er: „Die Kleider, die du trägst, sind nicht die deinen."

Rigo bat Benedikt um Verzeihung. Auch seine Begleiter schämten sich der plumpen Täuschung und fielen vor dem Abt auf die Knie.

Nun wollte Totila den Abt persönlich kennenlernen. Er war von Benedikt beeindruckt und ließ sich von ihm den Segen erteilen.

Als der König kurz nach seinem Besuch in Montecassino das Königreich Neapel eroberte, gab er den Befehl, die Gefangenen mit Milde zu behandeln.

Die unerwartete Menschlichkeit war seiner Begegnung mit Benedikt zu verdanken.

Nach Benedikts Tod verbreitet sich sein Orden über ganz Europa. Das geordnete Leben der Mönche, Gebet und Arbeit, verschaffte ihnen in allen Kreisen Achtung. Sie werden die ‚Baumeister des christlichen Abendlandes' genannt.

Dargestellt wird Benedikt als Abt mit Stab und Buch, oder nach der Legende auch mit einem zersprungenen Glas oder einem Kelch, aus dem eine Schlange entweicht.

Benedikt ist der Heilige der Kupferschmiede. Er wird gegen Entzündungen, Nierensteine, Vergiftungen und Zauberei angerufen und hilft den Sterbenden.

Benedikt ist der Schutzpatron der Städte Biel, Bologna, Mons, Cassino und Palermo.

Benedikts Gedenktag wäre der 21. März. Weil dieses Datum aber in die Fastenzeit fällt, wurde er im neuen römischen Kalender auf den 11. Juli verschoben. Am 11. Juli des Jahres 703 wurde sein Grab geöffnet und seine Gebeine vermutlich nach Frankreich überführt.

Am 24. Oktober 1964 erkor Papst Paul VI. den heiligen Benedikt zum Patron Europas. Obwohl er nie über seine Heimat hinausgekommen war, wurde durch die Klöster sein Geist auf der ganzen Welt lebendig. So bezeichnet der Papst ihn als ‚Bote des Friedens, Begründer der Einheit, ein Lehrer der Zivilisation und ein Verkünder Christi'.

Der Prophet Daniel

21. JULI

Daniel ist einer der großen Propheten im alten Testament. Zur Zeit König Nebukadnezars, Ende des sechsten Jahrhunderts vor Christus, kam Daniel in babylonische Gefangenschaft.

Weil er klug und auch schön war, wurde er zum Dienst am Hofe des Königs ausgewählt, mit ihm auch seine Freunde Hananja, Mischael und Asarja. Nach dreijähriger Ausbildung am Hof machte der König Daniel zu seinem Traumdeuter und Berater.

Nach Nebukadnezars Tod kam sein Sohn Belsazer auf den Thron. Er war beim Volk verhaßt und wurde ermordet. Das von seinem Vater gegründete Reich zerfiel und geriet in die Hand der Meder und Perser.

Während der langen Gefangenschaft ermutigte Daniel seine Landsleute, den jüdischen Bräuchen und dem Gott Israels die Treue zu halten. Es gelang ihm, den König der Meder vom jüdischen Glauben zu überzeugen. Kyros, der König der Perser, stellte es den Juden frei, wieder in ihre Heimat zurückzukehren. Daniel wurde im Dienste der fremden Könige über achtzig Jahre alt und starb vermutlich in Babylon.

Nach der Ermordung Belsazers und nach der Eroberung Babylons durch die Meder und Perser, wurde Daniel von den neuen Herrschern gebeten, ihr Stellvertreter zu sein. Das Amt kam dem eines Königs gleich. Bald aber bekam er zu spüren, daß er unter den babylonischen Landvögten und Fürsten nicht nur Freunde hatte.

Sie versuchten, ihm eine Falle zu stellen. Mit Schmeicheleien gelang es ihnen, König Darius zu einem Erlaß zu bewegen,

der es während dreißig Tagen verbot, von irgendeinem Gott etwas zu erbitten, außer dem König selbst. Wer den Befehl nicht achtete, sollte in eine Löwengrube geworfen werden.

Sie wußten, daß Daniel sich nicht abhalten lassen würde, jeden Tag auf dem Dach seines Palastes laut zu seinem Gott zu beten.

So geschah es auch. Daniel wurde von seinen Feinden verraten. „Ein Befehl, der deinen Namen trägt, darf nach dem Gesetz nicht mehr aufgehoben werden. Wenn du dein Ansehen nicht verlieren willst, muß Daniel in die Grube zu den Löwen geworfen werden", sagten sie zu Darius.

Darius merkte bald, daß er in eine Falle geraten war.

„Ich weiß, daß deine Feinde mich überlistet haben", sagte er, als er mit Daniel vor der Löwengrube stand. „Ach hättest du doch nicht gebetet."

„Mein König, als du mich zu deinem Stellvertreter erwählt hast, habe ich meinen Gott gebeten, mir beizustehen. Wie könnte ich meine Aufgabe ohne seine Hilfe erfüllen. Ich weiß, was mich erwartet."

„So helfe dir Gott, dem du ein Leben lang gedient hast", sagte der König.

Daniels Feinde frohlockten.

Ohne Widerstand ließ sich Daniel von den Knechten ergreifen und in die Löwengrube werfen.

„Das übrige werden die wilden Tiere erledigen", lachten sie.

Als sie am folgenden Tag den schweren Stein vom Eingang der Grube wälzten, trat ihnen Daniel entgegen, heiter und unversehrt. Vor der Grube hatte sich eine große Menschenmenge versammelt.

„Ewig lebe der König, ewig lebe Daniel", schrien viele.

Nur Daniels Feinde, die Fürsten und Landvögte und ihre Knechte, starrten ihn ungläubig an.

Als der König mit seinem Gefolge erschien, ergriffen sie die Flucht. Der König ließ sie verfolgen und gefangen nehmen.

Wie Daniel wurden sie den wilden Tieren vorgeworfen, aber es blieb keiner am Leben.

„In meinem Königreich soll der Gott Daniels verehrt werden", verkündete Darius. „Er ist ein lebendiger Gott. Sein Königreich ist unvergänglich."

Daniel aber vergaß nicht, diesem Gott bis ans Ende seines Lebens zu danken.

Daniel in der Löwengrube wurde immer wieder dargestellt, erstmals in den Katakomben von Rom im 2. Jahrhundert. Vor allem im 16. Jahrhundert gibt es kaum einen bedeutenden Maler, der sich durch das Thema nicht zu einem Bild anregen ließ, Altdorfer, Tintoretto, Rembrandt und viele andere. Eine der beeindruckendsten Darstellungen des Propheten befindet sich an der Goldenen Pforte der Marienkirche von Freiberg in Sachsen. Sie stammt aus dem 13. Jahrhundert.

Daniel gehört nicht zu den Heiligen, sondern zu den Propheten.

Er gilt als Patron des Bergbaus, der Grubenarbeiter und Mineure.

Christophorus

24. JULI

Sicher wissen wir von Christophorus nur, daß er aus Kleinasien stammte und um das Jahr 250 herum unter Kaiser Decius als Märtyrer gestorben ist. Bevor er sich zum Christentum bekehrte, soll er nicht Christophorus, sondern Offerus geheißen haben.

Christophorus war groß und stark wie ein Riese. Wer ihm begegnete, fürchtete sich nicht nur vor seiner Kraft, sondern auch vor seinem finsteren Gesicht. Er diente dem König von Kanaan als Soldat. Doch das war ihm bald nicht mehr genug.

„Es gibt keinen Stärkeren als mich auf der Welt, also will ich auch nur den Mächtigsten als Herrn."

So machte er sich auf den Weg und fand endlich einen Herrscher, von dem die Leute sagten, es gäbe keinen größeren. Dieser Mann nahm Christophorus mit Freuden in seinen Dienst.

Eines Tages aber hörte Christophorus, wie ein Gaukler dem König ein Lied vorsang. In dem Lied kam der Teufel vor. Da schlug der König ein Zeichen des Kreuzes.

„Was machst du da?" fragte Christophorus.

Der König wollte es ihm nicht verraten. Doch Christophorus gab keine Ruhe, bis der König sagte: „Mit diesem Zeichen schütze ich mich vor dem Teufel."

„Also ist der Teufel mächtiger als du", sagte Christophorus, „dann ist er es, dem ich dienen will."

Wieder machte er sich auf den Weg.

Bald begegnete er einer Horde wilder Soldaten.

„Wohin des Weges?" fragte ihn der Anführer.

„Ich suche den Teufel", antwortete Christophorus.

„Ich bin der, den du suchst", lachte der Mann. „Einen wie dich kann ich brauchen."

Nun zog Christophorus mit dem Teufel und seinen Gesellen durch die Welt und war überzeugt davon, dem mächtigsten Herrn zu dienen. Aber einmal kamen sie zu einem Wegkreuz. Entsetzt wandte der Teufel sein Gesicht zur Seite und ergriff die Flucht.

„Wen fürchtest du?" fragte Christophorus verwundert. „Ich sehe niemanden."

Der Teufel wollte keine Auskunft geben.

„Wenn du es mir nicht sagst, habe ich keine Lust mehr, dir weiter zu gehorchen", meinte Christophorus.

„Das Kreuz erfüllt mich mit Schrecken", gab der Teufel endlich zu. „Christus ist daran gestorben und nach drei Tagen wieder auferstanden."

„Dann leb wohl", sagte Christophorus. „Auch du bist nicht der richtige Herr für mich."

Nun irrte er kreuz und quer durch die Welt und war betrübt, weil er den mächtigsten Herrn immer noch nicht gefunden hatte. Nach langer Zeit kam er zu einem Einsiedler und erzählte ihm von seinem Kummer.

„Ich suche Christus und kann ihn nirgends finden", klagte er.

„Ich kenne ihn", sagte der Einsiedler, „aber es ist nicht einfach, ihm zu dienen."

„Warum?" fragte Christophorus. „Es gibt keinen stärkeren Mann als mich auf der Welt."

„Er verlangt Gehorsam und regelmäßiges Fasten", sagte der Einsiedler.

„Schau mich an", sagte Christophorus. „Ohne Essen kann ich es nicht aushalten."

„Christus verlangt noch mehr", fuhr der Einsiedler fort. „Du mußt auch zu ihm beten."

„Ach", seufzte Christophorus, „ich kann auch nicht beten."
Der Einsiedler betrachtete ihn voller Liebe und sagte:
„Ich sehe ein, du kannst nicht fasten und nicht beten. Aber in
der Nähe ist ein Fluß. Seine Strömung ist so stark, daß schon
viele Menschen darin ertrunken sind. Christus wäre zufrieden, wenn du die Menschen hinüberführen würdest. Vielleicht wird auch er eines Tages unter ihnen sein."
Da baute sich Christophorus am Ufer des Flusses eine Hütte
und tat, was ihm der Einsiedler geraten hatte.
Nach vielen Jahren, in denen Christophorus seine Aufgabe
treu und ohne zu murren erfüllt hatte, rief ihn eines Tages
die Stimme eines Kindes:
„Christophorus, bring mich hinüber."
Christophorus trat vor seine Hütte, aber weit und breit war
niemand zu sehen. Erst als die Stimme ihn zum drittenmal
rief, entdeckte er einen kleinen Knaben, der ihn bat, ihn über
den Fluß zu tragen.
„Nichts leichter als das", lachte Christophorus, nahm seinen
Stab und hob das Kind auf seine Schultern.
Doch als er im Wasser stand, stieg es höher und höher, und
das Kind wurde bei jedem Schritt schwerer und schwerer.
Unter großer Gefahr erreichte er das andere Ufer und setzte
das Kind auf die Erde. Erschöpft wischte er sich den Schweiß
von der Stirn und meinte: „Es kam mir vor, als trüge ich die
Last der ganzen Welt auf meinem Rücken."
„Du hast nicht nur die ganze Welt getragen, sondern auch
den, der sie erschaffen hat. Ich bin Christus, den du gesucht
hast und dem du mit deiner Arbeit dienst."
Christophorus schaute das Kind mit großen Augen an.
„Ich will es dir beweisen", sprach der Knabe weiter. „Nimm
deinen Stab und stecke ihn neben deiner Hütte in die
Erde."
Bevor Christophorus etwas erwidern konnte, war das Kind
verschwunden.
Nachdenklich kehrte Christophorus ans andere Ufer zurück

und tat, was ihn Christus geheißen hatte. Am andern Morgen trug sein Stab Blätter und reife Datteln wie eine Palme.

Christophorus gehört zu den Vierzehn Nothelfern. Er ist der Schutzpatron aller Reisenden, der Auto- und Kraftwagenfahrer. Auf Bildern sehen wir, wie er einen Fluß durchschreitet. In der Hand hält er einen Stab und auf seinen Schultern trägt er das Christuskind.

Dominik

8. AUGUST

Im Jahr 1170 wurde einem reichen Edelmann in Kastilien ein Sohn geboren, den er Domengo taufte. Domengo heißt auf lateinisch Dominikus und bedeutet ‚Mann Gottes'.
Dominikus war ein Zeitgenosse des Franz von Assisi. Und wie Franz gründete auch Dominik einen Orden.
Dominikus starb im Jahr 1221.

Als seine Mutter Dominik unter dem Herzen trug, träumte sie eines Nachts von einem Hund, der eine Fackel zwischen seinen Zähnen hielt. Mit dieser Fackel entzündete er die ganze Welt. Erschrocken wachte sie auf und spürte, wie sich das Kind in ihrem Bauch heftig bewegte.
„Ob du ein Mädchen oder ein Knabe wirst, weiß ich nicht", sagte sie, „aber ich spüre, daß du ausersehen bist, eine besondere Aufgabe zu erfüllen."
Bei der Geburt erblickte seine Patin auf der Stirn des Knaben einen Stern, und bei seiner Taufe sahen die Gäste einen hellen Glanz um das Haupt des Kindes schweben.
Kaum konnte sich Dominik bewegen, kletterte er aus seiner Wiege heraus und legte sich auf den Boden. Auch als er starb, ließ er sich nicht auf ein gepolstertes Lager, sondern auf die bloße Erde betten.

Mit vierzehn Jahren kam Dominikus in eine Klosterschule nach Palencia. Er fing an, Bücher zu sammeln, und von allen Dingen, die er besaß, waren sie ihm das liebste.

In der Zeit brach in der Gegend eine Dürre aus. Viele Tiere und Menschen starben.

Da ging Dominikus hinaus und verschenkte seine Habe den Armen. Nur seine kostbaren Bücher behielt er. Doch als die Not immer größer wurde, verkaufte er ein Buch nach dem andern.

„Wie kannst du dich nur von deinen geliebten Büchern trennen?" tadelte ihn einer seiner Freunde.

„Das Herz ist mir schwer", antwortete Dominikus. „Aber wie kann ich mich an toten Büchern freuen, wenn lebendige Menschen verhungern müssen."

Aus dem Erlös der Bücher besorgte er Brot und verteilte es unter die Hungernden.

Dominikus starb auf einer Predigtreise durch Norditalien. Auf einem Dorffriedhof in der Nähe Bolognas wurde er von seinen Brüdern begraben. Als seine Leiche später nach Bologna überführt werden sollte, fürchteten sich die Mönche, sein Grab zu öffnen. Sicher war Dominikus Körper schon halb verwest und von Würmern zerfressen. Wie staunten sie, als der Grube ein Duft entströmte, als wäre sie ein Garten voller Rosen und Lilien.

Eine große Menschenmenge gab dem Leichnam das Geleit. Der Wohlgeruch begleitete die Prozession bis in die Stadt hinein. An Händen und Kleidern aber, die mit dem Toten in Berührung gekommen waren, blieb der wunderbare Duft für immer haften.

Dominikus' Grabmal in Bologna gehört zu den großen Kunstwerken Europas. Es ist die Kirche San Domenico.

Dominik wird in einem weißen Kleid, einem schwarzen Mantel und mit einem Buch dargestellt, oft auch mit einem Hund oder einem Rosenkranz. Man glaubt, Dominikus habe das Rosenkranzgebet eingeführt. Er ist der Patron der Städte Cordoba, Madrid und Palermo. Dominikus hilft gegen Fieber, und er ist der Heilige der Schneider und Schneiderinnen.

Klara

11. AUGUST

Klara war die Tochter einer Adelsfamilie aus Assisi. Als sie hörte, was sich die Leute über Franziskus, den Sohn des reichen Tuchhändlers, erzählten, wurde er ihr Vorbild.

Nachdem sie einer seiner Predigten beigewohnt hatte, war sie entschlossen, ihr Leben wie Franz der Keuschheit und Armut zu widmen. Der Vater hielt den Wunsch seiner Tochter für eine Laune und verbot ihr, das Elternhaus zu verlassen. Klara flüchtete und suchte bei Franziskus und seinen Brüdern Zuflucht.

Als ihr Vater sie am folgenden Morgen wieder nach Hause zurückholen wollte, zeigte sie sich ihm mit abgeschnittenen Haaren und in einem einfachen Kleid aus Sackleinwand.

Er hatte die Macht über sein Kind verloren und mußte sich ihrem Entschluß fügen.

Franziskus gründete für Klara den ‚Zweiten Orden der Armen Frauen von Assisi'. Es sind die Klarissinnen oder Franziskanerinnen. Klara wurde die erste Äbtissin des neuen Ordens, dem später auch zwei ihrer Schwestern und ihre Mutter beitraten.

Klara starb am 11. August 1253, neunundfünfzig Jahre alt.

Einmal wanderten Franz und Klara zusammen von Spello nach Assisi. Weil sie hungrig und durstig waren, traten sie in ein Haus ein und baten um Brot und Wasser.

Die Leute gaben es ihnen. Doch als sie die beiden erkannten, begannen sie zu tuscheln und versteckte Anspielungen zu machen. „Beinahe täglich sieht man euch zusammen. Nennt ihr das ein keusches Leben führen? Sagt, wie steht es damit?"

Franz und Klara gaben keine Antwort. Sie standen auf und gingen davon.

Es war kalt und die Erde mit Schnee bedeckt.

Plötzlich sagte Franz: „Klara, hast du verstanden, was die Leute über uns denken?"

Nur mit Mühe konnte Klara die Tränen zurückhalten.

„Wir müssen uns trennen", fuhr Franz fort, „es ist besser, wenn du allein gehst. In einer Stunde wirst du in Assisi sein. Ich werde dir von weitem folgen."

Klara gehorchte, ohne ein Wort zu sagen.

Der Weg führte durch einen Wald. Plötzlich hatte sie nicht mehr die Kraft, sich ohne Trost und ohne ein Abschiedswort von Franz zu trennen. Sie wartete, bis er sie eingeholt hatte.

„Franz, mein Bruder, wann werden wir uns wiedersehen?" fragte sie ihn verzagt.

„Wenn der Sommer kommt, wenn die Rosen blühen", lächelte Franz.

Da geschah ein Wunder: Ringsum auf den Zweigen der Wacholdersträuche und auf den von Reif bedeckten Hecken blühten unzählige Rosen.

Nachdem Klara sich von ihrem Staunen erholt hatte, ging sie hin, brach einen Strauß und legte ihn Franz in die Hände. Dann lief sie weiter.

Franz schaute ihr nach, bis sie hinter einer Wegbiegung verschwunden war.

Klara wird in einem braunen Wollgewand, mit einem Kopftuch und einer brennenden Lampe in der Hand dargestellt, manchmal auch als Äbtissin mit einem Buch, dem Kreuz und einer Monstranz. Klara heißt ‚die Reine' oder ‚die Glänzende'. Sie ist die Schutzpatronin der Sticker und Stickerinnen, der Vergolder und Rahmenmacher, auch der Wäscherinnen. Um Hilfe wird Klara bei Fieber und Augenleiden angerufen.

Maximilian Kolbe

14. AUGUST

Maximilian Kolbe kam am 7. Januar 1894 zur Welt. Er war der Sohn eines Arbeiters aus Zdunska-Wola in Polen.
Zusammen mit seinem älteren Bruder trat er mit siebzehn Jahren dem Franziskanerorden bei. Von 1912 bis 1919 studierte er in Rom und promovierte in Philosophie und Theologie. In Rom wurde er auch zum Priester geweiht. Schon während seines Studiums war er vom Wunsch erfüllt, Ungläubige und Zweifler von der christlichen Botschaft zu überzeugen. Er bildete einen Verein, den er ‚Militia Immaculata‘ nannte. Die Mitglieder betrachteten sich als Streiter für Jesus Christus. Für sie gründete Maximilian im Jahr 1922 in der Nähe von Warschau ein Kloster.
Maximilian Kolbe glaubte an die Macht des geschriebenen Wortes. Verschiedene Zeitschriften erschienen unter seinem Namen.
Auf Wunsch des Papstes Pius XI. reiste er zusammen mit vier Ordensbrüdern nach Japan. Auch dort hoffte er das Christentum vor allem mit Schriften und Büchern zu fördern.
1936 kehrte Kolbe nach Polen zurück. Als das Land drei Jahre später von den Deutschen besetzt wurde, trat er gegen den Nationalsozialismus auf. Er wurde gefangengenommen und kam in das Straflager Oranienburg. Nach kurzer Zeit wurde er wieder freigelassen, aber als er mutig weiterpredigte und sich für die Opfer des Krieges, für Flüchtlinge und Juden einsetzte, wurde er von neuem verhaftet und in das Konzentrationslager Auschwitz verschleppt. Dort starb er am 14. August.
In Auschwitz hat Maximilian Kolbe bewiesen, daß alles, was er in seinen Schriften verkündete, nicht nur Worte waren. Was seine Mitgefangenen erzählten, ist keine Legende, bei der oft den Tatsachen und zur eigenen Ermutigung das Wunderbare beigefügt wird, sondern eine Realität aus unserer Zeit.

Es war an einem Julitag im Jahr 1941. Schon am frühen Morgen brannte die Sonne auf die zum Appell erschienenen Gefangenen nieder. Am Tag zuvor hatte einer von ihnen zu fliehen versucht und war dabei erschossen worden.

Für den Kommandant des Lagers, Fritsch, war der Fluchtversuch des Gefangenen eine Gelegenheit, einige weitere Häftlinge des überfüllten Lagers loszuwerden. Zur Strafe sollten zehn von ihnen in einen Raum, ohne Nahrung, ohne Licht und ohne Luft, gesperrt werden.

Unter den Verurteilten befand sich auch Franz Gajowniczek. Verzweifelt begann der Mann zu schreien, den Namen seiner Frau und seiner beiden Kinder zu rufen und um Gnade zu flehen. Der Lagerkommandant blieb ungerührt.

Da trat Pater Maximilian aus der Reihe der Verschonten heraus und bat Fritsch, den Kommandanten, ihn an die Stelle Gajowniczeks zu setzen. Fritsch war mit dem Tausch einverstanden. Damit war für Kolbe das Todesurteil gesprochen. Während Tagen hörten die Mithäftlinge aus dem ‚Hungerbunker‘, wie er genannt wurde, Singen und Beten. Kein Wort der Klage kam über Maximilians Lippen. Am 14. August gab der ‚Lagerhenker‘ von Auschwitz dem zum Skelett abgemagerten Priester eine tödliche Spritze.

Franz Gajowniczek aber überlebte und wurde Ende des Krieges aus dem Lager befreit.

Heute noch ist es allen mit den Gepflogenheiten des Lagers Vertrauten ein Rätsel, aus welchen Gründen der für seine Erbarmungslosigkeit bekannte Lagerleiter Maximilians Wunsch erfüllte. Vielleicht gehört genau das zum Wunderbaren dieser realen Geschichte und ist nicht erklärbar.

Sein Opfer gab vielen Häftlingen Mut und überzeugte sie von der Botschaft, für die Pater Maximilian gekämpft hatte. Im Jahr 1983 wurde Pater Maximilian Kolbe durch Papst Johannes Paul II. heilig gesprochen. Während der Feier auf dem Petersplatz in Rom war auch Franz Gajowniczek mit seiner Familie zugegen.

Bernhard von Clairvaux

20. AUGUST

Bernhard wurde 1901 als Sohn eines Ritters im Burgund geboren. Er ist der Erbauer des Klosters von Clairvaux. Er liebte die
Einsamkeit und lehnte alle weltlichen Ehren ab. Zugleich aber
fühlte er sich berufen, die Streitigkeiten innerhalb der Kirche zu
schlichten und am politischen Leben teilzunehmen. Dieser Wi-
derspruch machte ihm oft zu schaffen. Bernhard war ein großer
Redner. Die Worte aus seinem Munde wurden von seinen Zuhörern wie Honig empfunden, was ihm den Beinamen ‚Doctor
mellifluus‘ eintrug, ‚honigfließender Lehrer‘. Mit seinen Predigten brachte er König und Fürsten dazu, an den Kreuzzügen teilzunehmen. Das Unternehmen, das Heilige Land zu erobern,
mißlang. Das machte in den letzten Jahren seines Lebens viele
zu seinen Feinden.
Bernhard starb an einer Magenkrankheit am 20. August 1153.
Bernhard wußte lange nicht, wozu er sich berufen fühlte. Im Jahr
1111 entschloß er sich, seine Studien auf einer Universität fortzu-
setzen, um dem König zu dienen. Auf dem Weg in die Universi-
tätsstadt trat er in eine Kapelle ein. Während er betete, überfiel
ihn unerwartet die Erinnerung an seine fromme Mutter. Er gab
seine Pläne auf und trat mit dreißig anderen jungen Männern,
darunter auch vier seiner Brüder, in das erste Zisterzienserkloster
ein.
Als es immer mehr wurden, die sich zu dem neuen Orden hinge-
zogen fühlten, wurde Bernhard beauftragt, ein neues Kloster zu
gründen. Mit zwölf andern Mönchen fand er zwischen Chau-
mont und Troyes ein Tal, das ihm für den Bau geeignet schien.
Hier entstand das Kloster von Clairvaux, von dem Bernhard auch
seinen Zunamen bekam.

Bernhard war ein strenger Abt. Doch was er von andern forderte, verlangte er auch von sich selbst.

Die Zellen blieben ungeheizt. Die Kirche war ohne Schmuck. Die karge Nahrung mußten sich die Mönche durch Arbeit auf den Feldern selbst verdienen.

An den Festtagen wurde nicht gepraßt, sondern gefastet.

Als Prediger und Ratgeber von Königen und Kirchenfürsten war Bernhard oft unterwegs.

Aber auch wenn er auf Reisen ging, war er darauf bedacht, seine Andachten zu halten und sich durch nichts Weltliches verführen zu lassen.

Einmal wanderte er den ganzen Tag lang am Ufer des Genfer-Sees entlang. Als seine Brüder sich am Abend über den See unterhielten, fragte Bernhard erstaunt, wo denn der See sei, dessen Schönheit sie priesen.

Ein andermal ritt Bernhard über Land und begegnete einem Bauern. Er klagte dem einfachen Mann, wie schwer es ihm oft falle, sich beim Gebet nur auf Gott zu konzentrieren und sich von keinen andern Gedanken ablenken zu lassen.

Der Bauer wunderte sich über den Gottesmann und meinte: „Nein, das fällt mir gar nicht schwer."

„Laß uns eine Probe machen", sagte Bernhard. „Geh ein wenig abseits und sprich ein Vaterunser. Wenn es stimmt, was du sagst, will ich dir mein Pferd zum Geschenk machen. Doch du mußt versprechen, mir die Wahrheit zu sagen."

Der Bauer lachte verstohlen über den einfältigen Mönch, der für eine so einfache Sache sein Pferd aufs Spiel setzte. Er stellte sich abseits und begann zu beten. Aber mitten im Gebet fragte er sich plötzlich, ob Bernhard ihm mit dem Pferd wohl auch den Sattel geben würde.

Und weil er ein ehrlicher Mann war, ging er zu Bernhard zurück und bekannte sein Versagen.

Bernhard wurde zwanzig Jahre nach seinem Tod heilig gesprochen, und 1820 ernannte ihn der Papst zum Kirchenlehrer. Viele seiner Schriften und Predigten sind erhalten geblieben.

Bernhard wird in der weißen Tracht der Zisterzienser dargestellt. Als Attribute sind ihm eine Mitra und ein Bienenkorb beigegeben. Die Mitra, die nicht auf seinem Kopf sitzt, sondern zu seinen Füßen liegt, erinnert daran, daß er es dreimal ablehnte, Bischof zu werden, der Bienenkorb an seinen Beinamen ‚doctor mellifluus‘, ‚honigfließender Lehrer‘.

Bernhard ist der Schutzheilige des Burgunds und der Stadt Genua. Er beschützt die Kerzenzieher und die Bienenzüchter.

Ägidius und die Hirschkuh

Ägidius

1. SEPTEMBER

Über Ägidius, auch Ägidio, wissen wir wenig. Er war der Sohn einer vornehmen Familie aus Athen und lebte im frühen 8. Jahrhundert. Es wird auch vermutet, er könnte ein Provencale gewesen sein.
Sein Todestag ist der 1. September 1720.

Auf seiner langen Wanderung, auf der Suche nach Einsamkeit und innerem Frieden, kam Ägidius ins Rhonetal. Geschützt von Unterholz und Dornengestrüpp, fand er in der Nähe von Arles eine trockene Höhle.
„Das ist der Ort, wo ich bleiben möchte", sagte er zu seinem Reisegefährten Veredemius.
Sie trennten sich.
Ägidius verbrachte die Tage im Gebet, ernährte sich von Kräutern und Beeren, und außer den Tieren des Waldes kannte niemand sein Versteck.
Eine Hirschkuh kam jeden Morgen und jeden Abend, um von dem kühlen Wasser zu trinken, das neben seiner Höhle aus der Erde sprudelte. Mit der Zeit wurde sie so zahm, daß der Einsiedler sie melken konnte, ohne daß sie sich rührte.
Eines Tages streiften die Jäger des Königs durch den Wald. Als sie den Hirsch erblickten, vergaßen sie alles andere Wild. Mit den losgelassenen Hunden hetzten sie das Tier durch den Wald, bis es vor Erschöpfung beinahe zusammenbrach. Da erinnerte es sich in seiner Not des Einsiedlers.

Mit letzter Kraft flüchtete es vor den Eingang seiner Höhle.
Ägidius, in Gedanken versunken, hörte plötzlich ein Klagen
und trat vor die Höhle. Da stand die Hirschkuh und ver-
suchte, sich zitternd an ihn zu schmiegen. Ägidius beruhigte
und streichelte sie.
Als er nun auch das Bellen der Hunde und die Hörner der
Jäger hörte, wußte er sogleich, was geschehen war.
„Lieber Gott, bewahre mir meine Ernährerin", betete er.
Da blieben die Hunde wie durch einen Zauber gebannt ste-
hen.
Nach einer Weile trotteten sie mit eingezogenem Schwanz
davon. Enttäuscht kehrten die Jäger in der Dunkelheit nach
Hause zurück.
Doch die schöne Hirschkuh ging den Männern nicht aus
dem Sinn. Schon am folgenden Tag kamen sie wieder, aber
es erging ihnen wie zuvor.
Nun erzählten sie dem König, was sie erlebt hatten.
„Etwas geht nicht mit rechten Dingen zu", sagten sie.
Da versprach der König, sie am dritten Tag zu begleiten.
Als nun auch diesmal die Hirschkuh plötzlich in einem Dor-
nengestrüpp verschwand und die Hunde mit gesträubten
Haaren stehenblieben, befahl der König, das Dickicht zu um-
stellen.
Um die Hirschkuh aus ihrem Versteck herauszulocken,
schoß er einen Pfeil ins Gestrüpp.
Da hörte er plötzlich ein Stöhnen.
Aber das waren nicht die Laute eines Tieres, sondern das war
die Stimme eines Menschen.
Sein Pfeil hatte nicht den Hirsch, sondern Ägidius getroffen.
Nun war es für die Männer leicht, die Höhle zu finden. Als
sie den Einsiedler vor sich liegen sahen, blieben sie erschrok-
ken stehen.
Neben dem Verwundeten stand die Hirschkuh und machte
nicht die geringsten Anstalten, vor den Jägern zu fliehen.
„Rührt euch nicht", befahl der König seinem Gefolge.

„Wer bist du?" fragte er Ägidius.

„Ich komme aus Athen", sagte Ägidius. „Hier in dieser Höhle habe ich Frieden gefunden und Zeit, über den Sinn des Lebens nachzudenken."

„Verzeih mir, daß ich dich mit meinem Pfeil verletzt habe", sagte der König. „Ich werde dir meinen Arzt schicken."

„Ich brauche keinen Arzt", sagte Ägidius. „Wenn es der Wille Gottes ist, werde ich von selbst wieder gesund."

„So nimm wenigstens diesen Ring und die goldene Kette dazu", sagte der König.

„Was soll ich mit einem Ring und einer Kette", lächelte der Einsiedler. „Dich trifft keine Schuld, doch tue etwas zur Ehre Gottes."

Nachdem der König Ägidius' die noch immer blutende Wunde des Ägidius verbunden und ihn mit Nahrung aus seiner Tasche versorgt hatte, ritt er mit seinen Leuten nachdenklich nach Hause zurück.

Bald darauf ließ er in der Nähe der Höhle ein Kloster bauen, und Ägidius wurde sein erster Abt.

Obwohl er sich von seiner Verwundung durch den Pfeil des Königs nie mehr ganz erholte, beklagte er sich nicht, sondern sagte zu seinen ersten Brüdern: „Sorgt euch nicht. Ich bin dankbar, daß ich nie mehr ganz gesund werde. Meine Schwachheit macht mich stark im Glauben an Gott."

Als Ägidius friedlich starb, sagten einige seiner Brüder, sie hätten die Engel, die seine Seele in den Himmel trugen, singen gehört.

Das Kloster und eine kleine Stadt einige Kilometer westlich von Arles und südlich von Nimes, tragen seinen Namen: Saint Gilles. (Ägidius, im Französischen: Gilles). In der Kirche ist sein Grab zu besichtigen. Seine Gebeine wurden später nach Toulouse überführt. Dort ruhen sie im größten romanischen Bauwerk Frankreichs.

Der Name Ägidius kommt aus dem Griechischen und heißt ,Schildträger'.

Ägidius gehört zu den Vierzehn Nothelfern. Saint Gilles war ein berühmter Wallfahrtsort und eine wichtige Station auf dem Pilgerweg nach Santiago de Compostela in Spanien.

Ägidius wird nicht nur in Frankreich, sondern auch in England und bei uns verehrt. In Braunschweig, Münster in Westfalen, Halberstadt und Nürnberg entstanden Klöster zu seinen Ehren. Der Festtag des Heiligen, der 1. September, heißt an manchen Orten der Sankt Gilgentag und ein alter Bauernspruch sagt:

,Wenn St. Ägidius bläst ins Horn,

so heißt es: Bauer, sä dein Korn.'

Dargestellt wird er als Benediktinermönch oder Einsiedler, ein Bein oder die Brust von einem Pfeil durchbohrt. Zu seinen Füßen liegt eine Hirschkuh.

Ägidius ist der Patron der Hirten und Jäger. Auch stillende Mütter bitten den Heiligen um Milch für ihr Kind.

Der Pfarrer von Zurzach, dem Verena den Haushalt führte, hatte großes Vertrauen in die Fremde und ließ sie in allem gewähren. Neben der Arbeit im Haus und im Garten kümmerte sie sich um die Armen und Kranken. Es machte ihr nichts aus, die verschmutzten Bettler auch zu waschen und zu kämmen. Der Knecht des Pfarrers aber wurde eifersüchtig.

„Sie verschwendet dein Hab und Gut, als ob es das ihre wäre", sagte er.

Doch der Pfarrer, der nichts entdeckte, was ihm nicht in Ordnung schien, tadelte ihn.

Da entwendete der Knecht dem Pfarrer einen kostbaren Ring und warf ihn in den Rhein. Danach behauptete er, Verena hätte ihn gestohlen.

Verena beteuerte ihre Unschuld.

Doch der Ring blieb verschwunden. Der Pfarrer wurde mißtrauisch.

Bald darauf spazierte er am Rhein entlang und begegnete einem Fischer, der einen großen Salm gefangen hatte.

„Ich mache ihn dir zum Geschenk", sagte der Fischer.

Der Pfarrer freute sich darüber und nahm den Fisch mit nach Hause. Als er ihn aufschnitt, fand er in seinen Eingeweiden den vermißten Ring.

Verenas Unschuld war an den Tag gekommen.

Der Knecht wurde bald darauf schwer krank und mußte ins Spital gebracht werden. Dort pflegte ihn Verena bis zu seinem Tod.

Verena wird als Nonne oder Einsiedlerin dargestellt. In der einen Hand hält sie einen Krug, in der andern ein Brot, manchmal auch einen Schlüsselbund oder einen Fisch. Sie ist die Schutzheilige aller Pfarrköchinnen, der Fischer und Schiffer. In der Stiftskirche in Zurzach ist ihr Grab.

Sankt Mang

Magnus

6. SEPTEMBER

Magnus hieß eigentlich Maginold. Er lebte im 8. Jahrhundert als Mönch im Kloster St. Gallen. Auf Wunsch des Bischofs von Augsburg zog er mit den beiden Glaubensboten Tozzo und Theodor ins Allgäu, um die dortige Bevölkerung zum Christentum zu bekehren. Er brachte den Bauern aber nicht nur den neuen Glauben, sondern unterwies sie auch in der Bearbeitung des Bodens, half ihnen Sümpfe auszutrocknen und Äcker und Wiesen anzulegen. In Füssen baute er eine Kirche und für sich eine Zelle dazu. Magnus starb am 6. September 756 in Füssen.

Als Magnus mit Tozzo und Theodor im Allgäu das Evangelium predigte, befreite er die Gegend auch von Schlangen und andern wilden Tieren. Sogar einen gefährlichen Drachen bezwang er. Die Männer trugen ein wunderbares Licht mit sich. In der Dunkelheit entzündete es sich von selbst. Es erlosch weder im Regen noch im Sturm und wurde auch nicht kleiner.

Das Allgäu war eine arme Gegend, und in schlechten Erntejahren mußten viele Leute Hunger leiden. Auch Magnus und seine Gefährten wußten oft nicht, wo sie Nahrung für den nächsten Tag finden würden.

Einmal im Herbst, als sie wieder den ganzen Tag nichts gegessen hatten, entdeckten sie endlich einen Apfelbaum. Aber unter dem Baum saß ein riesiger Bär, der sich an den Früchten gütlich tat, die auf der Erde lagen. Als Theodor und Tozzo das riesige Tier erblickten, wollten sie davonlaufen, aber Magnus trat ohne Angst hinzu und sagte:

„Mein lieber Bär, ich wäre dir dankbar, wenn du die guten Äpfel den Menschen überlassen würdest. Dein Magen verträgt auch die unreifen Früchte."

Der Bär ließ ein unwilliges Murren ertönen und zeigte Magnus seine Pranken.

Magnus wollte mit seinen Gefährten weiterziehen. Doch als er sich noch einmal nach dem Bär umdrehte, sah er plötzlich, wie das Tier um die guten Äpfel einen Bogen machte und sich mit den schlechten begnügte.

Er hatte Magnus Worte verstanden.

Ein andermal saß Magnus vor seiner Zelle und machte sich Gedanken darüber, was er unternehmen könnte, um die Armut der Allgäuer zu lindern. Da stand plötzlich ein Bär vor ihm und deutete mit seinem Kopf, ihm zu folgen.

Der Bär führte Magnus auf den nahen Säulingsberg und blieb vor einer Tanne stehen.

„Und nun?" sagte Magnus. „Ich sehe nichts besonderes."

Da begann der Bär ein Loch zu scharren und die Wurzeln des Baumes freizulegen, bis er krachend zu Boden stürzte. Staunend sah Magnus, daß die Steine, die zum Vorschein kamen, im Licht glänzten.

Er hatte mit Hilfe des Bärs eine Eisenader entdeckt, die den Menschen in der Gegend jahrhundertelang Arbeit und Brot sicherte. Er dankte dem Bären und sorgte dafür, daß ihm von niemandem ein Leid zugefügt wurde.

Aus dem von Magnus und seinen Gefährten gebauten Gotteshaus in Füssen entstand hundert Jahre nach seinem Tod ein Benediktinerkloster.

Im Allgäu, in Österreich und in der Schweiz wird er vom Volk St. Mang genannt.

Dargestellt wird Magnus als Abt mit einem Drachen zu seinen Füßen, oft auch mit einem Bären oder andern wilden Tieren. Er wird gegen Mäuse, Ratten und andere Schädlinge um Hilfe angerufen. Ein in Silber gefaßter Abtstab wird in Schussenried und Wangen heute noch gegen Flurschäden durch die Felder getragen.

Der Heilige Magnus ist der Patron von Augsburg, Füssen und Kempten.

Notburga

13. AUCH 14. SEPTEMBER

Die Quellen sind sich über das Geburtsjahr Notburgas nicht einig. Sie nennen die Jahre 1265, 1266 und 1268. Sie war die Tochter eines angesehenen Hutmachers aus Rattenberg am Inn in Tirol. Mit achtzehn Jahren trat sie in den Dienst der Familie des Grafen von Rottenburg. Nach dem Tod ihrer Herrschaft und nach schweren Auseinandersetzungen mit deren Nachfolgern verdingte sie sich als Dienstmagd bei einem Bauern in Eben. Aber nachdem der junge Graf eingesehen hatte, wieviel Unrecht seine Frau der treuen Wirtschafterin seiner Eltern zugefügt hatte, holte er sie auf die Burg zurück.
Dort starb sie am 14. September 1313.

D as selbständige Mädchen Notburga fiel der Herrin der nahen Burg auf, und sie bat es, in ihren Dienst zu treten.
Ihr Vertrauen zu der jungen Magd war so groß, daß sie ihr die Verantwortung für das ganze Hauswesen übertrug.
Notburga gewann mit ihrer Güte und ihrem Sinn für Gerechtigkeit auch die Achtung der älteren Dienerinnen.
Besonders zugetan war sie den Kranken und Bedürftigen. Täglich trug sie die Reste vom Tisch ihrer Herrschaft ins Dorf hinunter, um die vielen Hungernden satt zu machen. Heinrich und Gutta von Rottenburg wußten um das Tun ihrer Magd, doch sie ließen sie gewähren.
„Seit Notburga auf unserer Burg weilt, liegt über allem Gottes Segen", sagten sie.

Frau Gutta liebte Notburga, als wäre sie ihr eigenes Kind. Bevor sie starb, sagte sie zu ihrem Sohn: „Trage Sorge zu ihr und behüte sie wie eine Schwester."

Aber Ottilia, seine junge Frau, war eifersüchtig auf Notburga. Nachdem sie die Herrin auf der Burg geworden war, verbot sie Notburga, Almosen zu verteilen. Das Tischgebet wurde abgeschafft. Was in der Küche übrigblieb, wurde den Schweinen vorgeworfen.

„Sie sind nützlicher als Bettler", lachte sie, als Notburga sich für ihre Schützlinge zur Wehr setzte.

Um auch weiterhin Gutes zu tun, aß Notburga nur noch die Hälfte der ihr zugewiesenen Kost. Auch einige Mägde und Knechte hielten Notburga die Treue und schenkten ihr, was sie entbehren konnten, für die Armen.

Ottilia verklagte Notburga bei ihrem Mann als Diebin. Heinrich wollte sich selbst davon überzeugen.

Wie Elisabeth von Thüringen mußte auch Notburga auf dem Weg von der Burg ins Tal hinunter ihren Korb öffnen.

Aber Heinrich sah keine Rosen wie der thüringische Graf, sondern lauter Hobelspäne, und der Weinkrug enthielt nichts als schmutziges Wasser.

„Sie verstand es, deine Mutter zu blenden, nun hat sie auch dich verzaubert", schrie Ottilia, als ihr Heinrich erzählte, was er erlebt hatte. Dem häuslichen Frieden zuliebe blieb ihm nichts anderes übrig, als Notburga fortzuschicken.

Notburga verdingte sich bei einem Bauern als gewöhnliche Magd.

„Keine Arbeit ist mir zu gering", sagte sie, „aber erlaubt mir, vor den Sonn- und Feiertagen beim Aveläuten mit der Arbeit aufzuhören."

Der Bauer war mit der Bedingung einverstanden.

Eines Samstagabends befahl er ihr, weiterzuarbeiten. Doch Notburga legte die Sichel weg und machte sich auf den Weg zu der nahen Rupertskapelle.

Wütend rief sie der Bauer zurück.

„Während der Erntezeit hat unsere Abmachung keine Gültigkeit", behauptete er.

Da hob Notburga die Sichel wieder auf und sagte:

„Das soll Gott entscheiden. Bleibt meine Sichel in der Luft hängen, so will ich auch heute den Feierabend heiligen. Fällt sie aber zu Boden, so will ich dir das Feld zu Ende mähen."

Und siehe da, die Sichel blieb in der Luft stehen.

Nach einer Weile ergriff Notburga die Sichel wieder, legte sie auf die Erde und ging davon.

Mit offenen Mäulern standen der Bauer und die Bäuerin, die Knechte und Mägde da und wagten sich nicht zu rühren. Ein Kind des Bauern aber sagte:

„Ich habe einen Engel gesehen."

Auf der Rottenburg war nach dem Weggang Notburgas das Unglück eingekehrt. Heinrich hatte sich mit Siegfried, seinem Bruder, zerstritten, und Ottilia war schwer krank.

Ihr Geiz und ihre Habsucht hatten alle Fröhlichkeit im Hause vertrieben.

In seiner Not ritt der junge Graf zu Notburga nach Eben.

„Wir haben Unrecht an dir getan", sagte er. „Ich bitte dich, auch im Namen meiner verstorbenen Eltern, wieder auf die Burg zurückzukehren."

Notburga willigte ein.

Es gelang ihr, die beiden Brüder wieder miteinander zu versöhnen, und sie pflegte Ottilia mit Liebe bis an ihr Ende.

Auch als Heinrich sich wieder verheiratete, blieb Notburga auf der Burg und war wie früher ‚die Mutter der Armen'.

Trotz der Ehre, die ihr nun von allen Seiten angetan wurde, wollte Notburga nichts anderes sein als eine treue Magd. Bevor sie starb, bat sie Heinrich, die Tore der Burg auch weiter für die Bettler offen zu halten.

„Meinen Leichnam", sagte sie, „lege auf einen einfachen Wagen, spanne zwei Ochsen davor und laß sie dorthin laufen, wohin sie wollen. Dort lasse mich begraben."

Als Notburga gestorben war, erfüllte der Graf ihre Bitte.

Die Tiere zogen den Wagen zuerst ein Stück dem Inn entlang. Als sie Anstalten machten, den Fluß zu durchqueren, teilte sich das Wasser, so daß sie trocken ans andere Ufer gelangten. Vor einer kleinen Kirche auf einem Hügel blieben sie endlich stehen. Es war die Rupertskapelle, in der Notburga während ihrer Zeit als Bauernmagd vor den Sonn- und Feiertagen gebetet hatte.

Notburga wird als Magd in bäuerlicher Tracht dargestellt. Ihre Attribute sind ein Korb, ein Milchkrug, ein Schlüsselbund oder Sichel und Garbe.

Im 18. Jahrhundert wurde über ihrem Grab in Eben eine Kirche gebaut. In einem Glasschrein auf dem Hochaltar steht ihr in Brokat gekleidetes Skelett. In Rattenberg wird noch heute das Haus gezeigt, in dem Notburga geboren wurde.

Heilig gesprochen wurde sie von Papst Pius IX. im Jahr 1862. Sie ist die Patronin aller Dienenden.

Hieronymus und der Löwe

Hieronymus

30. SEPTEMBER

Hieronymus wurde in der Mitte des 4. Jahrhunderts in Dalmatien geboren. Er war als Kind ein leidenschaftlicher Leser. Das Lernen fiel ihm leicht. Seine Eltern, wohlhabende römische Christen, schickten ihn zur Ausbildung nach Rom.

Hieronymus studierte Philosophie, Grammatik und Rhetorik. Aber während eines Aufenthaltes in Trier beschloß er, sein Leben der Theologie zu widmen.

In der syrischen Wüste lebte damals eine Gruppe von Mönchen, die im Rufe standen, vollkommen zu sein. Nach seinem Studium versuchte Hieronymus, das asketische Leben mit ihnen zu teilen. Aber es fiel ihm schwer, in der Einöde zu leben und nur zu fasten und zu beten. Er ließ sich Bücher kommen, schrieb Geschichten und lernte Hebräisch.

Nach zwei Jahren kehrte er wieder nach Rom zurück.

Der Papst, der die große Begabung des jungen Gelehrten erkannte, ernannte ihn zu seinem Sekretär. Er betraute ihn auch mit der Aufgabe, die lateinische Bibel neu zu übersetzen. Nach dem Tod des Papstes zog Hieronymus nach Palästina. Dort schrieb er viele theologische Werke und beendete seine Bibelübersetzung. In seinen Büchern kämpfte er gegen Mißstände in der Kirche und machte sich damit auch Feinde.

Hieronymus starb im Jahr 420.

Als Hieronymus mit den Eremiten in der Wüste lebte und die Mönche eben dabei waren, in der Bibel zu lesen, stand ein Löwe vor dem Klostertor.

Die Mönche liefen entsetzt davon.

Hieronymus aber ging auf den Löwen zu und begrüßte ihn wie einen Gast.

Der Löwe hinkte. Er hatte sich einen scharfen Dorn in den Fuß getreten. Bittend streckte er Hieronymus die verletzte Pranke entgegen.

„Kommt", rief Hieronymus den Brüdern zu. „Ihr braucht euch nicht zu fürchten."

Sie wuschen dem Tier die blutende Wunde aus und pflegten es, bis er wieder gesund war.

„Nun lauf", sagte Hieronymus.

Doch der Löwe blieb im Kloster und lebte mit den Mönchen zusammen wie ein braves Haustier.

Ach, dachte Hieronymus, der liebe Gott hat ihn uns geschickt, also darf er uns auch nützlich sein.

Die Mönche hatten einen Esel, der ihnen das Brennholz nach Hause trug.

„Beschütze uns den Esel, während wir Holz zusammenlesen", sagte Hieronymus zu dem Löwen.

Der Löwe schien mit seiner Aufgabe zufrieden und hütete den Esel wie ein guter Hirte.

Doch einmal schlief er über seiner Arbeit ein. Da kamen Kaufleute mit ihren Kamelen des Weges. Sie sahen den unbewachten Esel und ließen ihn mit sich laufen.

Als der Löwe wieder erwachte, war der Esel verschwunden. Er lief hin und her, ohne den Esel zu finden.

Verspätet und mit einem schlechten Gewissen kehrte er endlich ins Kloster zurück. Mit zerknirschter Miene stand er vor den Brüdern, die dachten, er hätte den Esel gefressen.

Zur Strafe ließen sie ihn hungern, und Hieronymus sagte: „Nun sollst du die Last des Esels tragen."

Ohne zu murren, nahm der Löwe die Arbeit auf sich. Dabei vergaß er nie, heimlich nach dem Esel Ausschau zu halten.

Da kam eines Tages eine Kamelkarawane des Wegs, und an ihrer Spitze trottete ein Esel.

Es war sein Esel.

Der Löwe stürzte auf die Kameltreiber und Kaufleute zu und hörte nicht auf zu brüllen, bis sie alles stehen ließen und flüchteten. Dann trieb er den Esel und die schwer beladenen Kamele fröhlich in den Klosterhof.

Die Brüder staunten. Der Löwe lief von einem zum andern und legte sich jedem einen Augenblick lang vor die Füße. Sie sahen ihr Unrecht ein und versprachen, ihm eine besonders gute Mahlzeit vorzusetzen.

Da kamen auch die Kaufleute vor das Klostertor und forderten ihr Eigentum zurück.

„Und was ist mit dem Esel?" fragte Hieronymus schmunzelnd.

Sie mußten gestehen, daß sie ihn gestohlen hatten. Sie baten die Mönche um Verzeihung, und zur Sühne schenkten sie ihnen die Hälfte ihrer kostbaren Ware.

Hieronymus ist einer der vier großen lateinischen Kirchenväter. Nach seinem Tod wurden seine Gebeine nach Rom überführt. Sie ruhen in der Kirche Santa Maria Maggiore.

Hieronymus wird meistens als Eremit in Gesellschaft eines Löwen dargestellt, manchmal auch als Kardinal. Er gilt als Schutzpatron der Schüler und Studenten, der Theologen und Lehrer.

Der Wolf von Gubbio

Franziskus

4. OKTOBER

Franziskus war der Sohn eines reichen Tuchhändlers aus Assisi. Geboren wurde er im Jahr 1182. In seiner Jugend liebte er es, Feste zu feiern und schöne Kleider zu tragen. Aber bald spürte er, daß das für ihn nicht der Sinn des Lebens sein konnte. Zum Kummer seiner Eltern verzichtete er auf materiellen Besitz und gründete den Orden der Armut. Keiner seiner Mitbrüder durfte etwas besitzen. Sie mußten von der Arbeit ihrer Hände und von Almosen leben. Ihr Vorbild war Jesus.
Besonders zugetan war Franziskus den Pflanzen und Tieren. Er nannte sie ‚Brüder' und ‚Schwestern'. In ihnen erkannte er die Gegenwart Gottes.
Franziskus war ein Dichter, auch wenn er kaum lesen und schreiben konnte. Während einer schweren Krankheit, am Ende seines Lebens, dichtete er den ‚Sonnengesang'. Darin dankte er Gott noch einmal für alles, was ihm das Leben geschenkt hatte.
Franziskus starb am 3. Oktober 1226.

Auch Franz hatte von dem Wolf gehört, der die Bürger von Gubbio in Angst und Schrecken versetzte.
Der Wolf hatte nicht nur Ziegen und Schafe verschlungen, sondern auch Hirten angegriffen. Die mutigsten Männer machten sich auf, um ihn zu töten. Es gelang ihnen nicht.
„Ich werde dem Wolf entgegentreten", sagte Franz.
Seine Freunde warnten ihn.
„Hüte dich. Der Wolf wird dich jämmerlich zerreißen."
„Ich fürchte mich nicht", sagte Franz.
Als der Wolf Franz entdeckte, stürzte er mit offenem Rachen auf ihn zu.

Franz machte das Zeichen des Kreuzes. Wie von einer unsichtbaren Macht gebannt, blieb der Wolf stehen.

„Bruder Wolf", rief Franz. „Komm zu mir."

Das Tier gehorchte.

Wie ein Lamm trottete es heran und legte sich Franz zu Füßen. „Bruder Wolf", sprach Franz, „du hast viel Unheil angerichtet. Du hast nicht nur Tiere getötet, die du zu deiner Nahrung brauchtest. Wie ein Räuber hast du auch Menschen angegriffen. Die Bewohner von Gubbio klagen mit Recht über dich. Du hast den Tod verdient. Aber ich will zwischen dir und den Menschen Frieden schaffen. Versprichst du mir, in Zukunft keinem mehr ein Leid anzutun?"

Der Wolf nickte mit dem Kopf.

„Dafür darf dich niemand weiter verfolgen", fuhr Franz fort.

Der Wolf bewegte die Ohren und wedelte mit dem Schwanz.

„Du hast viel Schlimmes getan, weil dich der Hunger dazu getrieben hat. Von nun an werden dir die Leute geben, was du brauchst."

Wieder nickte der Wolf mit dem Kopf.

„Du hast mich verstanden", lächelte Franz. „Gibst du mir ein Pfand darauf?"

Da hob der Wolf die rechte Pfote und legte sie zutraulich in Franz' ausgestreckte Hand.

Die Einwohner von Gubbio standen auf der Stadtmauer und auf den Hausdächern. Atemlos schauten sie zu, konnten aber nicht verstehen, was Franz mit dem Tier redete. Doch als sie sahen, wie Franz in die Stadt zurückkehrte und der Wolf ihm wie ein zahmer Hund folgte, liefen sie auf den Marktplatz, um die beiden mit Jubel zu empfangen.

Franz hielt ihnen eine Predigt über den Wolf im eigenen Herzen und ermahnte sie, ihn zu bekämpfen.

„Dieser Wolf hier hat mir versprochen, sich mit euch zu versöhnen. Wollt auch ihr mir versprechen, ihm kein Leid anzutun und für ihn zu sorgen?"

„Ja, das wollen wir", riefen alle.

Ein kleines Kind aber riß sich von der Hand seiner Mutter los und begann, mit dem Wolf zu spielen wie mit einem Kameraden.

Über keinen andern Heiligen wurden nach seinem Tod so viele Bücher geschrieben und Legenden erzählt wie über Franziskus. Unzählige Städte und Dörfer und Kirchen haben ihn zu ihrem Schutzpatron gewählt. Auf den Bildern trägt er die braune Kutte der Franziskaner.
Franziskus ist der Fürbitter der Flachshändler, der Kaufleute, der Schneider und Tapezierer, vor allem aber ein Bruder der Armen.

Gallus

16. OKTOBER

Gallus war einer der zwölf Gefährten Kolumbans, eines Königs-
sohns und Dichters aus Irland. Zusammen kamen sie Ende des
6. Jahrhunderts an den Bodensee, um den Alemannen das Evangelium zu verkünden.
Nach einigen Monaten beschloß Kolumban, mit seinen Männern
über die Alpen in den Süden zu ziehen. Gallus blieb zurück. An
der Quelle der Steinach baute er sich eine Klause und lebte mit
einigen Schülern nach der Lehre Kolumbans.
Gallus starb im Jahr 645 in Arbon am Bodensee.

Mit dem gleichen Eifer, mit dem Gallus den Bauern von
Jesus erzählte, verstand er es auch, zu jagen und zu fi-
schen.
„Laß mich hier bleiben", bat er Kolumban.
Die Gegend mit den klaren Bächen und dem großen See ge-
fiel ihm.
„Du fürchtest die Mühe der Pilgerfahrt", sagte Kolumban.
„Nein, aber das Heimweh nach diesem Land wird mich krank
machen", entgegnete Gallus.
Kolumban hielt den Wunsch seines Lieblingsgefährten für
Schwäche. Er versuchte ihn zu überreden, doch es war ver-
geblich.
Mit harten Worten trennten sie sich voneinander.
Kolumban zog über die Alpen in den Süden. Gallus fand Zu-
flucht in Arbon. Willimar, ein einheimischer Priester, nahm
ihn mit Freuden auf.
Nach den vielen Jahren des Umherwanderns sehnte sich Gal-

lus nach Ruhe. Mit Hiltibold, einem Diakon Willimars, machte er sich auf die Suche nach einem einsamen Ort.

Eines Abends schlugen sie an der Steinach ihr Lager auf. Der kleine Fluß war voll von Fischen. Gallus warf das mitgebrachte Netz ins Wasser, und Hiltibold machte Feuer. Nachher hielt Gallus seine Andacht. Da blieb er mit einem Fuß an einem Dornbusch hängen und fiel zu Boden.

„Hier will ich in Ewigkeit bleiben", sagte Gallus.

Aus Haselruten band er ein Kreuz und steckte es in die Erde. In der Nacht erwachte Hiltibold und sah, wie Gallus vor dem Kreuz kniete und betete. Im gleichen Augenblick kam ein Bär aus dem Wald, fing an, in der Glut herumzustochern und die Reste ihres Mahles zu verzehren.

Gallus lief nicht davon, sondern sagte ruhig: „Im Namen Jesu Christi, hole Holz und wirf es ins Feuer."

Staunend beobachtete Hiltibold, wie der Bär gehorchte, bald einen schweren Klotz brachte und ihn ins Feuer warf.

Zum Lohn gab ihm Gallus ein Stück Brot und sagte: „Laß mich in diesem Tal in Frieden. Die Berge wollen wir zusammen teilen, aber ich bitte dich, weder einem Menschen noch einem Tier etwas Böses anzutun."

Der Bär nickte und trollte sich davon.

Hiltibold trat aus seinem Versteck hervor, warf sich Gallus vor die Füße und sprach:

„Dir gehorchen sogar die wilden Tiere. Nun weiß ich, daß Gott mit dir ist."

An diesem Ort errichtete Gallus seine Zelle. Zusammen mit seinen Schülern bebaute er das Land und machte es fruchtbar.

Vor seinem Tod soll Kolumban seinem ehemaligen Schüler und Gefährten zum Zeichen der Versöhnung seinen Wanderstab geschickt haben.

Die Priester von Konstanz wollten Gallus zum Bischof wählen. Aber Gallus suchte weder Ehre noch Reichtum.

Aus seiner Einsiedelei entwickelte sich im 8. Jahrhundert das Kloster St. Gallen.

Ein großer Erzähler

Lukas

18. OKTOBER

Unter den vier Evangelisten ist Lukas der einzige, der Jesus nicht persönlich gekannt hat. Er war ein gebildeter Arzt aus Antiochien und begleitete den Apostel Paulus auf seiner zweiten und dritten Missionsreise. Paulus war sein Freund und Lehrer. Wie Markus von Petrus, wurde Lukas von Paulus angeregt, das Leben Jesu aufzuschreiben.

Lukas war ein guter Erzähler. Seine beiden Bücher, das Evangelium und die Apostelgeschichte zeugen davon. Keiner von den vier Evangelisten hat von der Geburt Jesu so eindrücklich erzählte wie er.

Lukas soll auch ein begabter Maler gewesen sein, der Legende nach der erste Schöpfer eines Marienbildes.

Nach alten Berichten starb Lukas im Alter von 84 Jahren in Böotien in Griechenland.

In seiner Apostelgeschichte erzählt uns Lukas von einer Seereise mit Paulus von Jerusalem nach Italien. Die ersten Christen wurden als Sektierer verfolgt. So waren auch einige von ihnen, darunter Lukas und Paulus, in Jerusalem gefangen genommen worden. In Rom wollte der Kaiser persönlich über das weitere Schicksal des Apostels und seiner Anhänger entscheiden.

Ein Hauptmann mit seinen Soldaten sollte sie auf der Schifffahrt von Israel nach Italien begleiten und bewachen.

„Männer, diese Fahrt steht unter einem schlechten Stern", sagte Paulus, bevor sie an Bord gingen.

Der Hauptmann beriet sich mit dem Kapitän und dem Steuermann, doch sie schlugen die Warnung des gefangenen Apostels in den Wind und fuhren los.

Nach einigen Tagen erhob sich ein Sturm, der so stark war, daß die Männer nichts anderes tun konnten, als das Schiff auf den Wellen treiben zu lassen.

Während zwei Wochen sahen sie weder Sonne, Mond noch Sterne. Sie wurden seekrank, und niemand hatte mehr Lust, etwas zu essen.

„Ihr hättet auf mich hören sollen", sagte Paulus. „Doch dazu ist es zu spät. Trotzdem bitte ich euch, den Mut nicht zu verlieren. Heute Nacht ist mir ein Engel erschienen, der sprach: Paulus, du wirst, wie vorgesehen, vor den Kaiser treten. Fürchte dich nicht. Das Schiff wird auf einer Insel stranden, und niemand wird dabei umkommen."

Nach einigen Tagen kam endlich Land in Sicht. Der Steuermann befahl den Matrosen, das Schiff zu verankern. Aber aus Angst, an die felsigen Klippen geworfen und getötet zu werden, ließen die Männer heimlich das Rettungsboot ins Wasser und versuchten, damit zu fliehen.

Paulus ertappte sie dabei.

„Wer nicht auf dem Schiff bleibt, wird sterben", sagte er.

Dann nahm er ein Stück Brot, brach es und ermahnte die Leute zu essen.

Nachher warfen sie den Rest des Getreides ins Meer, um das Boot leichter zu machen.

Wie Paulus es vorausgesagt hatte, strandete das Schiff am folgenden Morgen in einer Bucht der Insel Malta.

Als das Heck in der Brandung zu zerbrechen drohte, beschlossen die Soldaten, die Gefangenen zu töten, damit keiner entfliehen konnte. Doch der Hauptmann hatte nicht vergessen, daß der Glaube Paulus' an seinen Gott sie gerettet hatte, und er verbot die grausame Tat.

Die ganze Besatzung, die Soldaten und die Gefangenen, die einen schwimmend, die andern auf Planken, erreichten

sicher das Ufer, zweihundertsechsundsiebzig Menschen an der Zahl.
Und wie Paulus es vorausgesagt hatte, ging dabei keinem ein Haar von seinem Haupt verloren.

Diese Beschreibung, der Apostelgeschichte (Kapitel 27) nacherzählt, ist keine Legende. Trotzdem soll die Geschichte hier stehen und uns an den heiligen Lukas als Schriftsteller erinnern.
Dargestellt wird Lukas mit Schreibzeug am Gürtel. Oft ist auch eine Tafel mit einem Marienbild dabei. Zu seinen Füßen sitzt ein geflügelter Stier.
Er ist der Patron der Ärzte, der Maler und Bildhauer. Auch Goldschmiede, Notare und Sticker verehren ihn. Er ist der Patron Spaniens, der Städte Bologna, Padua und Reutlingen.
Um Lukas sind viele Bräuche entstanden. In einigen Gegenden lassen die Bauern am 18. Oktober ihr Vieh auf Papier geschriebene Segenssprüche schlucken. Sie sollen die Tiere gesund erhalten.

Der Freund der Hirten

Wendelin

20. OKTOBER

Der Überlieferung nach war Wendelin ein schottischer Königssohn, der um 555 zur Welt kam. Als Jüngling beschloß er, eine Wallfahrt nach Rom zu unternehmen. Auf dem Rückweg erbaute er sich in der Nähe von Trier eine Klause, um als Einsiedler zu leben und auf sein königliches Erbe zu verzichten.
Später wählten ihn die Mönche des Klosters Tholey zu ihrem Abt.
Wendelin starb im Jahr 617.

Als Wendelin sich in einem Wald in der Nähe der Stadt Trier niederließ, ahnte niemand, daß es sich bei dem jungen Einsiedler um einen Königssohn handelte.
Eines Tages plagte ihn der Hunger. Da bat er einen Jäger, der an seiner Klause vorbeiritt, um ein Almosen.
„Tu etwas, dann brauchst du nicht zu betteln", belehrte der geizige Edelmann den Eremiten. „Wenn du Lust hast, kannst du mir die Schweine hüten."
Wendelin war einverstanden. Er versah seine Arbeit mit soviel Liebe zu den Tieren, daß ihm der Edelmann bald auch seine Kuh- und Schafherden zur Betreuung überließ.
Immer wieder zog es den Hirten zu einem dem Landgut nahe gelegenen Hügel, um zu beten. Dort entdeckte ihn sein Herr eines Abends vor einem aus Holz gebastelten Kreuz auf den Knien liegend.
„Solltest du mit den Tieren nicht schon unterwegs zu den Ställen sein", fuhr er ihn an. „Sie werden sich in der Dunkelheit verirren …"

„Beruhige dich", unterbrach ihn Wendelin. „Sie werden zur rechten Zeit und vor dir zuhause sein."

Der Edelmann gab seinem Pferd die Sporen und kehrte erzürnt über den unverschämten Hirten zu seinem Landgut zurück.

Aber als er in die Nähe der Ställe kam, rannten ihm die Schafe blökend entgegen, die Mägde waren dabei, die Kühe zu melken, und Wendelin wünschte ihm einen guten Abend. Erschrocken über das Wunder, bat der Edelmann Wendelin um Verzeihung.

„Von nun an soll dich niemand mehr in deiner Andacht stören", sagte er. „Ich schenke dir Gold und Silber, damit du ohne Sorgen Gott dienen kannst."

„Ich brauche kein Gold und kein Silber", sagte Wendelin, „wenn du magst, so schenke mir ein Stückchen Land, damit ich mir darauf eine Zelle bauen kann."

Der Edelmann erfüllte ihm die Bitte, und Wendelin lebte als Einsiedler, bis die Brüder aus dem nahen Kloster Tholey ihn darum baten, ihr Abt zu werden.

Auch als Vorsteher des Klosters lebte Wendelin einfach und asketisch, wie er es als Einsiedler getan hatte. Erst bevor er starb, erfuhren der Bischof Severin von Trier und seine Mitbrüder, daß Wendelin ein Königssohn gewesen war.

Die Mönche bestatteten Wendelin mit allen Ehren in der Klostergruft. Doch nach dem Begräbnis trauten sie ihren Augen nicht: Der Leichnam ihres Abtes lag wieder neben dem Grab wie am Tag zuvor.

Da luden sie den toten Wendelin auf einen Wagen, spannten zwei Ochsen davor und ließen sie ziehen, wohin sie wollten. Ohne zu zögern, wandten sich die Tiere dem Hügel zu, auf dem Wendelin vor vielen Jahren das einfache Kreuz errichtet und wo er so gern gebetet hatte.

Dort wurde er nun zum zweitenmal begraben und fand seine Ruhe für immer.

Die Legendenschreiber sind sich nicht einig, ob Wendelin im 6. oder erst im 10. Jahrhundert gelebt hat. Doch das tut seiner Beliebtheit keinen Abbruch.

Seine Grabstätte wurde zu einem Wallfahrtsort und entwickelte sich zur Stadt St. Wendel an der Saar.

Er wird als Hirte dargestellt, mit einem Rosenkranz und einem Hirtenstab in der Hand, oft von den Tieren umgeben, die er einst gehütet hatte.

Er ist der große Freund aller Hirten und Bauern.

Der geteilte Mantel

Martin

Martin wurde im Jahr 316 als Sohn eines Offiziers geboren. Mit fünfzehn Jahren wurde er Soldat und leistete Kriegsdienste in einem römischen Reiterheer. Seine Eltern glaubten nicht an Jesus, Martin aber ließ sich mit achtzehn Jahren taufen. Später überzeugte er auch seine Mutter von dem neuen Glauben, während sein Vater den alten Göttern die Treue hielt.

In der Nähe der Stadt Poitiers in Frankreich entwickelte sich aus Martins Einsiedelei das Kloster Ligugé. Auch die Gründung des Klosters Marmoutier in der Nähe von Tours geht auf Martins Wirken zurück.

Martin starb im Jahr 397.

An einem Winterabend ritten ein paar römische Offiziere gegen Amiens. Sie waren hungrig und froren. Sie beeilten sich.

In der Stadt warteten ein Obdach, ein Feuer und eine kräftige Mahlzeit auf die Männer.

Vor dem Stadttor stellte sich ihnen ein Bettler in den Weg.

Er war nur mit einigen Lumpen bekleidet und zitterte vor Kälte.

„Schenkt mir ein Almosen", bat er.

„Mach dich davon", schrien die Offiziere.

Nur Martin, der jüngste unter ihnen, hielt sein Pferd an und erbarmte sich des Mannes.

Er nahm den wollenen Mantel von seiner Schulter, zog das Schwert aus der Scheide und schnitt das Tuch in zwei Teile. Die eine Hälfte reichte er dem Bettler.

Als er seine Kameraden eingeholt hatte, lachten sie über ihn. Doch Martin war es gewohnt, für seine Mildtätigkeit verspottet zu werden.

„Ich kann nicht anders", sagte er.

In der Nacht erschien ihm Jesus Christus. Er war mit der Hälfte des Mantels bekleidet, die er dem Bettler geschenkt hatte. Eine Schar Engel begleitete ihn, und Jesus sagte zu ihnen:

„Schaut, da ist Martin. Er hat mir die Hälfte seines Mantels gegeben. Er kennt mich nicht und doch dient er mir."

Nach diesem Traum ließ sich Martin im christlichen Glauben unterweisen und bekannte sich zum Christentum.

Als der Bischof von Tours starb, beschlossen die Bewohner der Stadt, Martin zu ihrem neuen Hirten zu wählen. Aber Martin hatte kein Verlangen, sich mit dem Prunk eines Bischofs zu umgeben.

„Lieber bleibe ich ein einfacher Mönch", sagte er.

Da machten sich einige Frauen und Männer von Tours auf, um Martin zu überreden.

Martin, der sie von weitem kommen sah, flüchtete sich in einen Gänsestall.

Doch das Geschnatter des Federviehs verriet den Suchenden das Versteck.

„Martin, wir brauchen dich", sagten sie.

Da willigte Martin endlich ein, das schwere Amt zu übernehmen, aber er weigerte sich, in den Bischofspalast einzuziehen. Er blieb in dem von ihm gegründeten Kloster Marmoutier wohnen. Dort fühlte er sich unter einfachen Menschen zu Hause.

Nach Martins Tod wurden die Stadt Tours und seine Basilika ein Wallfahrtsort.

Martin wird als Krieger auf einem weißen Pferd dargestellt, oft mit einer Gans unter dem Arm. An vielen Orten wird heute noch am 11. November zu seinen Ehren ein Markt abgehalten oder eine Gans geschlachtet, die Martinigans.

Martin ist der Patron der Bettler und Soldaten und Waffenschmiede. Auch Gewerbetreibende verehren ihn, besonders die Schneider.

Albert

15. NOVEMBER

Albert war der Sohn eines schwäbischen Ritters.
Geboren wurde er um das Jahr 1200. Er besuchte die berühmte Hohe Schule von Padua und trat 1223 dem Dominikanerorden bei. Als erster Deutscher lehrte er an der Universität von Paris. Thomas von Aquin wurde dort sein Schüler.
Albert entdeckte die Bücher des griechischen Philosophen Aristoteles für die Theologie, interessierte sich für Naturwissenschaften und begann als erster, die Pflanzen zu klassifizieren.
Albert zog durch ganz Deutschland, hielt Vorlesungen und kümmerte sich um den wissenschaftlichen Unterricht in den Klöstern. Er war – wie es damals hieß – ein ‚Lesemeister'. Wegen seines großen Wissens in allen Bereichen bekam er schon zu seinen Lebzeiten den Namen ‚Doctor universalis'. Dabei blieb er demütig und verstand auch die Sorgen des einfachen Volkes. Zwei Jahre war er Bischof von Regensburg. Immer wieder kehrte er in die Stadt Köln zurück, die er liebte und in der er sich zuhause fühlte.
Er wird nicht nur ‚Albertus Magnus' (Albert der Große), sondern auch ‚Albert von Köln' genannt.
In Köln starb er am 15. November 1280.

Als Kaiser Wilhelm von Holland im Jahre 1248 mit seinem Gefolge nach Köln kam, um am Dreikönigstag am Grab Kaspars, Melchiors und Balthasars zu beten, lud ihn Albert zum Essen ein.
Albert war nicht nur wegen seines großen Wissens berühmt, es wurden ihm auch Zauberkräfte zugeschrieben. Der Kai-

Der gestohlene Ring

Verena

1. SEPTEMBER

Verena lebte zur Zeit der großen Christenverfolgungen Ende des
3. Jahrhunderts. Es wird vermutet, daß sie aus Ägypten stammte.
Als Mauritius, der Anführer der Thebäischen Legion, vom Kaiser
aus Ägypten nach Italien zurückgerufen wurde, folgte sie ihm.
Unter den Offizieren befand sich auch ihr Verlobter Viktor.
Verena blieb in Mailand und kümmerte sich um die verfolgten
Christen. Mauritius zog mit seinem Heer über die Alpen nach
Saint Maurice im Kanton Wallis. Um die Götter für den bevorste-
henden Kriegszug im Norden gnädig zu stimmen, erteilte der
Kaiser den Befehl, ihnen lebendige Tiere zu opfern. Mauritius
und seine Soldaten, die sich zum christlichen Glauben bekannten,
weigerten sich. Zur Strafe wurde jeder zehnte Mann hingerichtet.
Auch Mauritius und Viktor waren unter den Toten.
Verena, die davon hörte, machte sich sogleich auf, um am Grab
der Verstorbenen zu beten. Aber von der heidnischen Bevölkerung verfolgt, mußte sie flüchten. In einer Höhle in der Nähe So-
lothurns versteckte sie sich.
Bald sammelten sich junge Frauen um sie. Verena lehrte sie nähen
und sticken. Sie kannte auch die Heilkraft der Kräuter, und viele
Kranke fanden bei der Einsiedlerin Trost und Hilfe. Der römische
Landpfleger, der von Verena und ihrem Tun hörte, ließ sie gefangen nehmen. Erst als sie auch ihn von einer Krankheit zu heilen
wußte, schenkte er ihr die Freiheit wieder. Nun wurde Verena in
ihrer Klause von allen Seiten bedrängt. Aber sie sehnte sich mehr
und mehr nach einem ruhigen Leben.
Sie zog nach Zurzach am Rhein und führte dem Pfarrer der christlichen Gemeinde den Haushalt. Später ließ er ihr neben einer heil-
tätigen Quelle eine Einsiedlerzelle bauen.

ser, der schon viel von dem gelehrten Mönch gehört hatte, war neugierig und nahm die Einladung an.

An dem verabredeten Tag war viel Schnee gefallen, und es war erbärmlich kalt. Deswegen gaben die versammelten Fürsten und Bischöfe dem Kaiser den Rat, auf den Besuch in dem schlecht geheizten Dominikanerkloster zu verzichten. Aber Kaiser Wilhelm ließ sich durch das Wetter nicht abschrecken.

„Ich werde mein Versprechen halten", sagte er.

So blieb den vielen vornehmen Herren nichts anderes übrig, als ihn zu begleiten.

„Hoffentlich ist der Speisesaal ordentlich geheizt", sagten sie zu dem Pförtner.

Doch als sie durchs Klostertor traten, sahen sie mit Schrecken, daß die Tische für die Gäste nicht in einer warmen Stube, sondern im Garten des Klosters gedeckt waren. Burschen standen bereit, um den hohen Gästen unter den mit Schnee bedeckten Bäumen aufzuwarten.

Als der Kaiser sich ohne eine Miene zu verziehen an seinen Platz begab, blieb auch dem Hof nichts anderes übrig, als sich schlotternd niederzusetzen.

Albert, der neben dem Kaiser saß, lächelte und erhob sein Glas. Plötzlich verzogen sich die Wolken am Himmel, die Sonne brach durch die Bäume, der Schnee schmolz dahin und vor den staunenden Gästen wuchs auf der Erde frisches Gras, Blumen blühten und in den Zweigen begannen die Vögel zu singen.

Den Gästen wurde so warm, daß sie ihre Mäntel und Jacken ausziehen konnten.

Kaum aber war das Mahl zu Ende, überfiel sie die grimmige Kälte von neuem. Wie vorher war wieder alles mit Schnee bedeckt, und der Frost knirschte unter ihren Füßen. Sie beeilten sich, in eine warme Stube zu kommen. Keiner wußte genau, ob er nun einem Zauber zum Opfer gefallen war oder ob er einem Wunder beigewohnt hatte. Weder hatten die

Gäste gesehen, wo die köstlichen Speisen hergekommen, noch wohin die Diener verschwunden waren.

Der Kaiser aber, der sich mit Albertus aufs Beste unterhalten hatte, verabschiedete sich von ihm als guter Freund. Zum Dank für den Sommertag mitten im Winter schenkte er den Mönchen einige Güter und in Utrecht ein Stück Land, um darauf ein neues Kloster zu bauen.

Albert wird als Bischof oder als Dominikaner mit Feder und Buch dargestellt. Heilig gesprochen wurde er erst im Jahr 1931. Papst Pius XII. ernannte ihn zum Patron der Naturwissenschaftler. Albert versuchte Glauben und Wissen, Magie und Vernunft zu verbinden. Damit steht er auch dem heutigen Menschen nahe. In Österreich ist der 15. November der Namenstag Leopolds, des Landespatrons. Darum wird Albert dort erst am 16. gefeiert.

Wein vom besten

Florinus

Florinus kam im Matscher Tal im Vintschgau zur Welt. Er war der Sohn eines Angelsachsen und einer christlichen Jüdin, die auf einer Pilgerreise nach Rom in Südtirol eine neue Heimat gefunden hatten.

Um ihren Sohn im Glauben unterweisen zu lassen, schickten sie ihn zum Pfarrer nach Ramosch im Unterengadin. Dort blieb Florinus ein Leben lang, wurde Priester und nach dem Tod seines Lehrers dessen Nachfolger.

Vermutlich starb Florinus am 17. November 856.

Eines Tages schickte Alexander, so hieß der Pfarrer von Ramosch, seinen Schüler in die nahe Burg Carritia und beauftragte ihn, den Burgherrn um einen Krug Wein zu bitten.

Florin machte sich fröhlich auf den Weg.

Der Ritter war immer zu einem Spaß aufgelegt und gerne bereit, dem Pfarrer und seinem Schüler etwas für ihr leibliches Wohl zu spenden.

„Fülle seinen Krug nicht mit dem gewöhnlichen Wein, sondern gib ihm heute von unserm besten", befahl der Burgherr einem seiner Knechte.

Der Mann gehorchte widerwillig.

„Vom besten", brummte er, als er Florinus den vollen Krug reichte, „für dich und den Pfarrer täte es auch der gewöhnliche."

Florinus lachte unbekümmert in sein griesgrämiges Gesicht, bedankte sich und machte sich auf den Heimweg.

Er war kaum ein paar Schritte gegangen, traf er eine Frau, die ihn für ihren kranken Mann um eine Gabe bat.

Ohne lange zu überlegen und weil er nichts anderes hatte, goß er ihr den kostbaren Wein in ihre hölzerne Milchschüssel.

„Es ist vom besten", sagte er. „Der Trank wird deinem Mann gut tun."

Nachher kehrte er auf die Burg zurück.

Vielleicht würde der Burgherr ihn verstehen und ihm den Krug ein zweitesmal füllen.

Doch der Knecht, der alles mitangesehen hatte, jagte ihn mit Schlägen und bösen Worten davon.

Dann muß mein Lehrer heute mit dem vorlieb nehmen, was uns der Herrgott schenkt, dachte Florinus und hielt den Krug unter einen Brunnen mit klarem Wasser.

Doch als er kurz darauf dem Pfarrer davon in den Becher einschenkte, verwandelte sich das klare Wasser in roten Wein, vom besten.

Der Brunnen, aus dem Florinus das Wasser geschöpft hatte, heißt heute noch ‚Der Brunnen vom heiligen Florin'.

Das älteste Bild am Lucius-Schrein in Chur zeigt Florinus mit einem Buch in den Händen. Später wurde er im Priestergewand mit Kanne und Kelch dargestellt. Auch im Dom von Frankfurt am Main existiert ein Bild des Heiligen, dessen Reliquien im Jahr 950 ins Marienkloster nach Koblenz gebracht wurden.

Florinus ist der Patron des Vintschgaus in Südtirol und des Unterengadins in der Schweiz.

Nach seinem Tode wurden ihm viele Wunder zugeschrieben.

Wenn ein Kind Florina, Florin oder auch Flurina getauft wird, so geschieht es zu seinen Ehren.

Florinus, aus dem Lateinischen, heißt ‚der immer Blühende'.

Die Königstochter aus Ungarn

Elisabeth

19. NOVEMBER

Elisabeth war eine Königstochter aus Ungarn. Mit fünf Jahren wurde sie dem elfjährigen Grafen von Thüringen als Gemahlin versprochen und mit kostbaren Geschenken versehen auf die Wartburg, dem Stammsitz dieser Grafen, gebracht.

Alle mochten die Prinzessin. Auch Ludwig war seiner zukünftigen Frau zugetan. Im Jahr 1221 wurde mit großem Prunk die Hochzeit gefeiert. Elisabeth war fünfzehn Jahre alt.

Bald fing sich die Hofgesellschaft über die junge Fürstin an zu wundern. Schlichte Kleider waren ihr lieber als mit Perlen und Diamanten besetzte Gewänder. Sie sah die Not und die Armut des Volkes und begann, sich um die Kranken zu kümmern.

Damit schaffte sich Elisabeth unter den Höflingen Feinde.

Doch Ludwig verteidigte seine Frau und ließ sie gewähren.

Im Jahre 1227 nahm er an einem Kreuzzug teil. Bald kam die Nachricht von seinem Tod auf die Burg. Nun trat Heinrich, sein Bruder, an seine Stelle.

Er verbot Elisabeth, Nahrungsmittel aus der Burg unter das Volk zu verteilen. Aber Elisabeth ließ sich nicht einschüchtern.

Mit ihren drei Kindern mußte sie die Burg verlassen. Verwandte schenkten ihr Güter in der Nähe von Marburg an der Lahn. Sie ließ ein Spital bauen und widmete sich bis zu ihrem Tod der Aufgabe, notleidenden Mitmenschen zu helfen.

Elisabeth starb 1231, mit vierundzwanzig Jahren.

Einst begegnete Elisabeth auf der Straße einem Jungen, der sie um ein Almosen bat. Ohne lange zu überlegen, nahm sie ihn mit auf die Burg. Weil ihr Mann verreist war, legte sie ihn in ihr eigenes Bett, pflegte seine Wunden und gab ihm zu essen und zu trinken.

Elisabeths Feinde fingen an zu tuscheln. Ein Bettelkind in seinem Ehebett, das würde auch Ludwig nicht mehr dulden.

Als Ludwig unerwartet nach Hause kam, triumphierten sie.

„Dein Lager ist besetzt", spottete Heinrich, Ludwigs jüngerer Bruder.

Ludwig erschrak. Aber als er in sein Schlafgemach trat und die Bettdecke zurückschlug, sah er anstelle eines Betteljungen den gekreuzigten Christus. Und da wußte er für immer, daß Elisabeth im Namen Gottes handelte.

Eines Tages machte sich Elisabeth mit einem Korb voller Brote auf den Weg von der Burg ins Dorf hinunter. Da kam ihr Heinrich entgegengeritten.

Als seine Schwägerin vor ihm stand, lachte er höhnisch auf.

Nun würde er sie auf frischer Tat ertappen und bestrafen.

„Was hast du in deinem Korb?" herrschte er sie an.

Elisabeth wußte nicht, wer ihr die Worte eingab.

Ohne zu zögern, sagte sie: „Es sind Rosen."

Heinrich stieg vom Pferd und riß das Tuch vom Korb.

Im Korb lagen statt der Brote Rosen.

Heinrich schwang sich aufs Pferd und ritt wortlos davon.

Elisabeth aber setzte ihren Weg fort und verteilte die frischen Brote unter die Armen.

Schon vier Jahre nach ihrem Tod wurde Elisabeth von Papst Gregor IX. heiliggesprochen. Über ihrem Grab wurde in Marburg eine der ersten gotischen Kirchen in Deutschland errichtet. Dargestellt wird Elisabeth als Fürstin mit einer Krone auf dem Haupt. In der einen Hand hält sie ein Buch, in der andern einen Korb mit Brot, Früchten oder Fischen. Zu ihren Füßen sitzt ein kleiner Bettler, der ihr eine leere Schale entgegenhält.

Besonders verehrt wird sie von den Bäckern und den Bettlern. Sie ist die Patronin der Städte Marburg und Isny im Allgäu.

Die Braut Christi

Katharina

25. NOVEMBER

Katharina war eine Königstochter und lebte zur Zeit der großen Christenverfolgungen unter den Kaisern Diokletian und Maximin. Die Quellen, die uns über das Leben Katharinas von Alexandrien berichten, sind unzuverlässig. Sie soll die Tochter des Königs von Cypern gewesen sein und in Alexandrien (Ägypten) gewohnt haben. Übereinstimmend erzählen die alten Berichte: „Sie war gar zart und von wunderlicher, unsäglicher Schönheit und in allen Künsten und Wissenschaften ausgebildet."
Katharina starb wahrscheinlich im Jahr 306 den Märtyrertod.

Nach dem Tode ihrer Eltern wohnte Katharina in Alexandrien. Die achtzehnjährige Prinzessin lebte zurückgezogen in einem großen Palast. Diener und Dienerinnen bewachten und behüteten sie. Wer das junge Mädchen zu Gesicht bekam, war von ihrer Schönheit so beeindruckt, daß er sie nie mehr vergessen konnte.
Katharina aber war nicht nur schön und klug, sondern auch stolz. Von den Männern, die sie heiraten wollten, war ihr keiner gut genug.
Da traf sie eines Tages einen Einsiedler.
Als sie ihm ihre Not mit den vielen Freiern klagte, sagte er:
„Ich kenne deinen Bräutigam."
„Wer ist es?" fragte sie erstaunt.
„Jesus Christus."
Er erzählte ihr so voller Inbrunst von dem Sohn Gottes, daß sie sich bald darauf taufen ließ und eine Christin wurde. Als ihr in einem wunderbaren Traum Jesus selbst erschien und

ihr einen Ring an den Finger steckte, gelobte sie, ihm für immer die Treue zu halten.

Einmal kam Kaiser Maximin nach Alexandrien. Zu seinen Ehren wurde ein großes Fest gefeiert. Während Tagen wurde in den Straßen getanzt und gesungen, getrunken und gegessen. Auf den Plätzen standen mit Blumen geschmückte Götzenbilder.

„Wer sich weigert, sie anzubeten und ihnen Opfer zu bringen, wird mit dem Tod bestraft", ließ der Kaiser verkünden. Unzählige Soldaten wachten darüber, daß sein Erlaß befolgt wurde.

Um ihr Leben zu retten, taten viele Christen, was der Kaiser befohlen hatte, andere aber blieben standhaft und waren bereit, für ihren Glauben zu sterben. Sie wurden wilden Tieren zum Fraß vorgeworfen. Die Arena war überfüllt von einer gröhlenden Menge, die sich an dem grausamen Schauspiel ergötzte.

Als Katharina von den vielen Schwachen und Starken im Glauben hörte, zog sie ihre königlichen Kleider an und ließ sich bei Maximin melden.

Ohne Furcht trat sie mit ihrem Gefolge vor seinen Thron. Sie war von einer solchen Schönheit, daß nicht nur die Offiziere, sondern auch der Kaiser verstummten.

„Ich grüße dich voller Achtung, wie es deinem Rang gebührt", sprach Katharina, „aber sage mir, wie kannst du verlangen, dich und deine steinernen Götter anzubeten. Sie sind vergänglich wie Rauch im Wind. Sie hören dich nicht, wenn du sie rufst, und sie helfen dir nicht, wenn du sie nötig hast."

Der Kaiser wurde rot vor Zorn.

„Und wer ist dein Gott, der sich weder sehen noch berühren läßt?" fragte er.

„Mein Gott", sagte Katharina, „hat Himmel und Erde erschaffen, den Tag und die Nacht, die Sonne, den Mond und die Sterne, die Pflanzen, die Tiere und den Menschen, auch dich und mich."

Der Kaiser wunderte sich über die Kühnheit Katharinas.
„Beweise mir, was du sagst."
„Frage deine Gelehrten", fuhr Katharina fort. „Wie Plutarch,
der berühmte griechische Philosoph, mußt auch du mit deinem Verstand erkennen, daß es ein Irrtum ist, sterbliche
Menschen zu Göttern zu machen."
Noch nie hatte eine Frau gewagt, so mit ihm zu reden und
ihm zu widersprechen.
„Komme morgen wieder. Ich werde fünfzig meiner geschei-
testen Männer zusammenrufen. Sie werden dir beweisen,
daß meine Götter die wahren sind."
Der Kaiser hoffte, Katharina vor allen Leuten bloßzustellen
und zum Schweigen zu bringen.
Aber als die Gelehrten die Anbetung der steinernen Götter
mit glänzenden Worten verteidigten, gelang es Katharina, in
aller Ruhe ihre Gründe zu widerlegen. Am Ende blieb den
Männern nichts anders übrig, als ihre Niederlage einzuge-
stehen.
„Aus dieser jungen Frau spricht der Geist Gottes", sagten sie.
„Wir können und wollen nicht mehr gegen Christus streiten.
Wir geben ihr recht, und damit bekennen auch wir uns zum
neuen Glauben."
Weil der Kaiser um seine Macht fürchtete, ließ er die fünfzig
Gelehrten verbrennen.
Zu Katharina aber sagte er:
„Du bist von einzigartiger Schönheit. Ich will von dir ein Bild
anfertigen lassen, und es soll angebetet werden wie das Bild
einer Göttin."
Katharina lächelte:
„Ach Maximin, du kannst mich nicht verführen. Auch meine
Schönheit wird in Staub zerfallen. Darum bete den an, der
uns Menschen nach seinem Bilde geschaffen hat."
Nach diesen Worten konnte sich der Kaiser nicht mehr be-
herrschen.
„Genug", schrie er. „Nehmt sie gefangen und foltert sie. In

zwölf Tagen komme ich wieder, dann wird sie ihren Gott verleugnen und um Gnade bitten."

Die Kaiserin aber, die alles mitangehört hatte, erbarmte sich Katharinas und ließ sich während der Abwesenheit ihres Mannes zu ihr in den Kerker führen. Wie staunte sie: Die dunkle Zelle war von Licht erfüllt, und neben Katharina stand ein Engel, der ihre Wunden salbte.

Als der Kaiser zurückkam, fand er Katharina schön wie zuvor.

„Zwinge mich nicht, deine Schönheit durch neue Foltern zu verderben", warnte er sie.

„Maximin", sagte sie, „weißt du denn nicht, daß Schönheit vergeht. Ich bleibe die Braut Christi."

„Sie hat ihr Leben verscherzt", schrie der Kaiser den Folterknechten zu. „Flechtet sie auf das Rad mit den eisernen Nägeln."

Doch als sie das Rad zu drehen begannen, verdunkelte sich der Himmel, und ein Blitz fuhr herab und zerschmetterte es in tausend Stücke.

„Habe Erbarmen", rief die Kaiserin ihrem Mann zu. „Wenn du Katharina tötest, so töte auch mich."

Da ließ der Kaiser in seiner Ohnmacht die beiden Frauen enthaupten und viele aus seinem Gefolge mit ihnen. Wie die Kaiserin hatten auch sie sich zum Christentum bekehrt.

Katharinas Leib wurde von Engeln aufgehoben und zum Berg Sinai getragen, auf den Berg, auf dem einst Mose die zehn Gebote des Herrn empfangen hatte.

Katharina wird meistens mit einem zerbrochenen Rad dargestellt, auch mit einem Buch und einer Palme. Sie ist kostbar gekleidet und mit königlichen Insignien geschmückt.
Katharina bedeutet ‚die Reine‘.
Katharina gehört zu den Vierzehn Nothelfern und zusammen mit Margareta und Barbara zu den ‚drei heiligen Madln‘. Der Volksmund sagt:

Margareta mit dem Wurm,
Barbara mit dem Turm,
Katharina mit dem Rad.
Am Katharinentag begann man vielerorts auf den Bauernhöfen
mit der Schafschur. Es war auch der Tag, an dem die Knechte und
Mägde ihren Lohn bekamen.
Katharina hilft gegen Kopfweh und Zungenkrankheiten.
Wohl ihrer Schönheit wegen wurde sie immer wieder von be-
rühmten Künstlern gemalt und in Stein gehauen.
Ihre Reliquien werden im Katharinenkloster auf dem Berg Sinai
aufbewahrt.

Barbara

4. DEZEMBER

Wir wissen über Barbara keine genauen Daten. Es wird vermutet, daß sie um das Jahr 300 gelebt hat. Sie war die Tochter Dioskuros', eines reichen Mannes aus Nikodemien in der Nähe des heutigen Istanbuls.
Sie starb unter Kaiser Maximin als Martyrerin für den Glauben an Jesus Christus.

Barbara war die Tochter eines wohlhabenden Mannes aus dem Morgenland. Ihre Mutter war früh gestorben. Der Vater ließ Barbara sorgfältig erziehen. Er hoffte, sie würde sich später mit einem vornehmen Mann vermählen. Wenn er verreisen mußte, sperrte er sie jedesmal in einen Turm ein, um sie vor fremden Einflüssen zu bewahren. Nur die Dienerinnen und ihr Lehrer durften zu ihr kommen.
Der Lehrer war ein Anhänger des Christentums. Sein Herz war davon so erfüllt, daß er auch Barbara von Jesus erzählte.
Auf Barbaras Wunsch ließ der Vater in ihrem Turm ein Bad bauen. Es sollte zwei Fenster haben. Aber Barbara bat den Maurer nicht zwei, sondern drei Fenster in die Mauer zu schlagen. In den feuchten Putz ritzte sie ein Kreuz.
Der Vater stellte Barbara für ihr eigenmächtiges Tun zur Rede. Da sagte sie ihm: „Ich glaube an Christus, den Erlöser. Die drei Fenster sind ein Symbol für den dreifaltigen Gott und für das mir von ihm geschenkte Licht."
Der Vater, der die Christen haßte, wurde zornig.

„Du hast unsere alten Götter verraten", schrie er. „Ich befehle dir, dem neuen Glauben abzuschwören."

Barbara weigerte sich.

Da verwandelte sich die blinde Liebe des Vaters zu seinem Kind in Haß.

Barbara mußte vor ihm fliehen.

Sie versteckte sich in einer Felsenhöhle auf einem abgelegenen Feld, doch ein Hirte verriet sie. Der Vater nahm sie gefangen und schleppte sie vor den Statthalter.

„Nackt und den Leuten zum Spott sollst du auf dem Marktplatz zur Schau gestellt werden", sagte er.

Als er seine Drohung wahrmachte, kamen Engel vom Himmel und hüllten Barbara in ein schneeweißes Gewand.

Der Statthalter ließ Barbara foltern, doch die Geißeln in den Händen der Knechte verwandelten sich in Pfauenfedern.

Ohnmächtig in seiner Wut griff der Vater selbst zum Schwert und tötete sein Kind.

Verzweifelt ritt er nach Hause. Unterwegs erschlug ihn ein Blitz und verbrannte seinen Leib zu Asche. Der Hirte aber, der Barbara verraten hatte, erstarrte zu einer steinernen Säule, und seine Schafe flogen als Heuschrecken davon.

Barbaras Namenstag ist der 4. Dezember. Seit dem Mittelalter gehört sie zu den beliebtesten Heiligen und auch zu den Vierzehn Nothelfern. Besonders verehrt wird Barbara in der Stadt Catania in Sizilien. Häufig wird sie mit einem Turm dargestellt, auch mit Palmzweigen und Pfauenfedern.

Barbara wird bei Unwetter und Feuersgefahr angerufen. Sie ist die Schutzpatronin der Bergführer, der Architekten und der Gefangenen.

Viele Leute stellen am 4. Dezember einen Kirschbaumzweig ins Wasser, den Barbarazweig. Wenn seine Blüten aufgehen, ist Weihnachten.

Nikolaus

6. DEZEMBER

Von Nikolaus wissen wir, daß er um das Jahr 270 in Patras in Kleinasien geboren wurde und Bischof von Myra war.

Sein Vater soll Euphemius und seine Mutter Anna geheißen haben. Er war ihr einziges Kind und viele Jahre nach ihrer Hochzeit zur Welt gekommen. Sie nannten ihn Nikolaus. Das bedeutet ‚Sieg des Volkes'.

Er wurde von seinen christlichen Eltern auf gute Schulen geschickt und zum Priester ausgebildet. Als seine Eltern starben, hinterließen sie ihrem Sohn ein großes Vermögen.

Nikolaus starb um 350.

Als Nikolaus Bischof von Myra war, lebte in seiner Nachbarschaft ein verarmter Edelmann. Dieser Mann hatte drei Töchter. Weil er ihnen aber keine Mitgift geben konnte, war niemand bereit, sie zu heiraten.

In seiner Verzweiflung dachte der Vater, es würde ihm nichts anderes übrigbleiben, als sie wie Bettlerinnen auf die Straße zu schicken.

Nikolaus, der von der Not der Familie hörte, empfand Mitleid und beschloß, ihnen auf seine Weise zu helfen.

Eines Abends fand die älteste Tochter einen Beutel voller Goldstücke in ihrer Schlafkammer.

Nikolaus hatte ihr die Gabe durch das offene Fenster geworfen. Nun konnte sie sich eine Aussteuer kaufen und Hochzeit feiern.

Einige Tage später fand auch das zweitälteste Mädchen das gleiche Geschenk vor ihrem Bett liegen.

„Wer mag uns gerettet haben?" fragte sich der Vater.
Neugierig geworden, paßte er von jetzt an gut auf.
Als nun Nikolaus auch sein jüngstes Kind heimlich bescheren wollte, erkannte er ihn. Dankbar fiel er vor ihm auf die Knie, um seine Füße zu küssen.
Nikolaus verwehrte es ihm erschrocken.
„Verrate niemandem, wer dir geholfen hat", bat er.
Und als der Edelmann verwundert schwieg, fuhr er fort:
„Nicht mir, sondern dem lieben Gott sollst du danken. Ich bin nur sein Verwalter."

Ein Schiff war in Seenot geraten. Da riefen die Matrosen in ihrer Todesangst: „Heiliger Nikolaus, wir haben von dir soviel Gutes gehört. Hilf uns."
Kaum hatten sie diese Worte ausgesprochen, stand ein Fremder auf dem Deck und sagte: „Ihr ruft mich. Hier bin ich."
Er nahm das Steuer in die Hand und führte das Schiff sicher durch die Wellen. Erst als der Sturm sich gelegt hatte, verschwand er wieder.
Als die Seeleute wohlbehalten im Hafen von Bari angekommen waren, eilten sie in die Kirche, um Nikolaus für das Wunder zu danken.
In der Kirche von Bari lagen die Reliquien des Heiligen.
Die Männer knieten vor seinem Grab nieder und fingen an zu beten.
Da hörten sie abermals eine Stimme, die sagte:
„Nicht ich, sondern euer Glaube hat euch geholfen."

Nikolaus starb um 350. Erst nach seinem Tod wurde offenbar, wieviel Gutes er getan hatte.
Um seine Gestalt bildeten sich viele Legenden, zuerst in Griechenland und im Süden Italiens. Im Frühling des Jahres 1087 wurden die Reliquien des Heiligen von Myra nach Bari gebracht. Die Leute von Bari feiern ihn jeweils am 9. Mai mit einem großen Fest.

Von Italien aus kamen die Geschichten um Nikolaus zu uns in den Norden. Viele Kirchen bekamen seinen Namen, auch das Münster in Freiburg wurde im 14. Jahrhundert dem Heiligen Nikolaus geweiht.

Klausjagden, Umzüge und andere Nikolausbräuche sind bis auf den heutigen Tag erhalten. Wenn der Nikolaus um den 6. Dezember herum im Bischofsgewand mit seinem Knecht Ruprecht durch die Straßen zieht, ist er für die Kinder wieder lebendig geworden.

Lucia

13. DEZEMBER

Lucia lebte im 3. Jahrhundert in Sizilien. Sie war die Tochter einer vornehmen Witwe aus Syrakus.

Das Mädchen war einem jungen Mann als Braut versprochen. Nachdem sie sich zum christlichen Glauben bekehrt hatte, bat sie ihre Mutter, ledig bleiben zu dürfen. Sie verschenkte die ihr zustehende Mitgift den Armen. Ihr Bräutigam verriet sie darauf dem Statthalter des Kaisers, der sie foltern ließ. Lucia weigerte sich, ihrem Glauben abzuschwören und starb als Märtyrerin im Jahr 310.

Lucia war eine Verehrerin der Heiligen Agatha, die in Catania für ihren Glauben gestorben war.

„Laß uns eine Wallfahrt nach Catania machen", bat Lucia ihre Mutter, die an einer schweren Krankheit litt. „Vielleicht kann sie dir helfen."

Die Mutter war einverstanden.

Am Grab Agathas begannen die Frauen zu beten und die Märtyrerin um Hilfe anzuflehen.

Während der Messe wurde aus dem Evangelium vorgelesen, in dem Matthäus erzählt, wie Jesus eine kranke Frau heilte.

„Wenn du glaubst, was du hörst und dabei das Grab Agathas berührst, wirst du wieder gesund werden", sagte Lucia zu ihrer Mutter.

Als der Priester die Messe zu Ende zelebriert hatte und auch die andern Besucher der Grabstätte längst fortgegangen waren, verharrten Agatha und ihre Mutter auf der Stelle, bis es dunkel wurde und die Sterne am Himmel erschienen.

Plötzlich sah Lucia Agatha vor sich stehen, mit Edelsteinen geschmückt und von Engeln umgeben.

„Lucia, meine Schwester", sprach die wunderbare Erscheinung, „warum bittest du mich für deine Mutter um die Heilung ihrer Krankheit, wenn du doch selbst die Kraft dazu hast. Schau, durch deinen Glauben ist sie wieder gesund geworden."

Von diesem Augenblick an war die Mutter von ihrem Leiden erlöst und wurde wie ihre Tochter eine überzeugte Christin.

„Nun bitte ich dich", sagte Lucia zu ihr, „sprich mir in Zukunft nicht mehr von einem Bräutigam und laß uns die mir zugedachte Mitgift den Armen schenken."

„Warte damit, bis ich gestorben bin", meinte die Mutter, „nachher kannst du mit meinem und deinem Vermögen machen, was du willst."

„Was du nach deinem Tod gibst, fällt dir leicht zu geben, weil du nichts mitnehmen kannst", antwortete Lucia. „Gib und verschenke, was du hast, solange du lebst."

Als der Bräutigam Lucias erfuhr, daß seine ihm versprochene Braut ihre Mitgift verschenkte und keine Lust mehr zeigte, ihn zu heiraten, verklagte er sie bei Paschasius, dem Statthalter des Kaisers Maximin.

Paschasius ließ Lucia zu sich kommen. Er tadelte sie für ihr Verhalten und befahl ihr, wie früher den Göttern zu opfern.

„Mein Opfer ist es, zu den Armen zu gehen und ihnen zu helfen. Ich bin auch bereit, mich selbst zu opfern. Du fürchtest den Kaiser, ich aber fürchte Gott."

„Du bist verrückt geworden", sagte Paschasius. „Ich werde dich in ein Haus bringen lassen, wo jeder mit dir machen kann, was er will. Sicher wirst du wieder zur Vernunft kommen, wenn du die Peitsche spürst."

Aber als der Statthalter befahl, Lucia zu fesseln und in jenes Haus zu bringen, gelang es weder einem Ochsengespann noch tausend Männern, sie von der Stelle zu rühren.

„Sie soll verbrannt werden", schrie Paschasius in seiner Ohnmacht.

Doch sogar das Feuer vermochte Lucia nichts anzutun.

Erst als die Folterer Lucia ein Schwert in die Kehle stießen, brach sie zusammen.

Von allen Schmerzen erlöst, starb Lucia in den Armen ihrer christlichen Brüder und Schwestern.

Sie dankte Gott für ihr Martyrium und sagte mit klarer Stimme: „Wie Agatha die Beschützerin Catanias geworden ist, so werde ich die Helferin von Syrakus sein."

Der Legende nach wurde an der Stelle, an der Lucia starb, eine Kirche errichtet.

Lucia wurde im Lauf der Jahrhunderte auf verschiedene Arten dargestellt. Nach dem 15. Jahrhundert oft mit einem Palmzweig und einem Buch in der Hand, den Hals von einem Dolch oder Schwert durchstoßen. Hin und wieder trägt sie auch ein Licht oder eine Kerze in der Hand. Das erinnert uns an ihren Namen.

Lucia kommt von dem lateinischen Wort lux und bedeutet Licht.

In Schweden wird Lucia mit einem besonderen Brauch gefeiert. Das älteste Mädchen einer Familie ist die Lucia-Braut. Am 13. Dezember trägt sie auf dem Kopf einen grünen Kranz mit Kerzen. Sie weckt die Eltern und Geschwister mit den ersten Plätzchen, die für das Weihnachtsfest gebacken wurden.

Lucia wird bei Augenleiden um Hilfe angerufen, vor allem in Sizilien.

Der Sieg des Christentums

Silvester

31. DEZEMBER

Silvester war ein Römer. Er kam in der zweiten Hälfte des 3. Jahrhunderts zur Welt. Von 314 bis 335, einundzwanzig Jahre lang, vertrat er die Christen als ihr Oberhaupt. Es war das Ende der Zeit, in der die Christen um ihres Glaubens willen verfolgt und getötet wurden.

Auch Silvester gehörte noch zu jenen, die sich als junge Männer vor dem Kaiser verstecken mußten. Der Nachfolger Diokletians, Konstantin, bekehrte sich zum Christentum und machte es 312 zur Staatsreligion.

Nun konnte Silvester, auch vom Kaiser als Papst anerkannt, öffentlich wirken. Über einer Katakombe, in der sich die Christen früher versteckt hielten, ließ er eine Kirche bauen.

Er kümmerte sich um die Organisation der Religion im Staat und gab ihr neue Gesetze. Er ließ ein Verzeichnis mit allen Waisen, Witwen und Armen anfertigen und sorgte dafür, daß sie mit dem Notwendigsten versorgt wurden. Den Mittwoch, den Freitag und den Samstag erklärte er zu Fastentagen und den Donnerstag ließ er wie einen Sonntag feiern.

Silvester starb am 31. Dezember des Jahres 335.

Unter den Christen, die unter Kaiser Diokletian leiden mußten, lebte auch der Priester und spätere Papst Silvester I.

Nicht nur die Christen, auch die Heiden liebten ihn. Er war ein guter Redner und sah aus wie ein Engel. Silvester gelang es, Rom von einem Drachen zu befreien, den toten Ochsen eines jüdischen Meisters zum Leben zu erwecken und Kaiser Konstantin von einer schweren Krankheit zu heilen.

In den Katakomben, den unterirdischen Verstecken der Gläubigen, kümmerte er sich als junger Priester um die Kranken und Verletzten. Viele, die verfolgt wurden, fanden im Hause seiner Mutter Justa Zuflucht. Einer von ihnen war Timotheus. Er wurde von den Nachbarn entdeckt und verraten. Die Häscher Diokletians nahmen ihn gefangen, folterten und töteten ihn.

Tarquinius, der Statthalter, der für die Verfolgung der Christen zuständig war, ließ darauf Silvester zu sich kommen.

„Timotheus war ein reicher Mann", sagte er. „Sicher hast du seine Reichtümer versteckt. Ich befehle dir, alles was er besaß, herauszugeben."

„Nein", sagte Silvester. „Timotheus besaß weder Schmuck noch Gold und Silber."

Erst als Tarquinius das Haus Silvesters und seiner Mutter von unten bis oben durchsucht hatte, merkte er, daß er sich getäuscht hatte.

Darüber wurde er so wütend, daß er Silvester befahl, Christus abzuschwören und vor seinen Augen den heidnischen Göttern zu opfern.

Silvester weigerte sich.

„Ich werde dich foltern lassen", drohte der Statthalter.

„Gott wird mir die Kraft schenken, die Folter zu ertragen", sagte Silvester ruhig. „Heute Nacht wirst du sterben und erkennen, wer der wahre Gott ist."

„Werft ihn in den Kerker", schrie Tarquinius.

Während Silvester im Gefängnis saß, ließ sich Tarquinius einen gebratenen Fisch vorsetzen.

In seiner stummen Wut gegen den standhaften Silvester, nahm er einen großen Bissen in den Mund. Dabei blieb ihm die Gräte im Halse stecken. Es gelang ihm weder sie auszuspucken noch hinunterzuschlucken. Er mußte elendiglich daran ersticken. Tarquinius wurde unter Wehklagen begra-

ben, Silvester aber von seinen Mitbrüdern und seinen Mit-
schwestern mit Jubel aus dem Kerker befreit.

Silvester wird meistens im Meßgewand dargestellt. Zu seinen Füßen liegt ein Ochse, hin und wieder ein Drache. Er wird als Beschützer der Haustiere angerufen, und viele Bauern erbitten von
ihm eine reiche Ernte. Sein Namenstag wird wohl wie kein anderer gefeiert. Als Heiliger des 31. Dezembers wünschen wir uns
auch in seinem Namen ein gutes neues Jahr.

Gedanken zu diesem Buch

Sammlungen von Heiligengeschichten hießen früher ‚Legenda‘, was mit ‚was gelesen werden muß‘ übersetzt werden kann. Später wurden auch die einzelnen Geschichten Legenden genannt. In seiner ursprünglichen Bedeutung ist ‚Legende‘ auch eine kurz gefaßte Erklärung zu Bildern, Architekturzeichnungen und Plänen. Heute verbindet sich der Begriff meistens mit einem überlieferten Bericht, mit einer besonderen Begebenheit aus dem Leben eines Heiligen.

Legenden sind Geschichten, in denen Dinge geschehen, die nicht mit dem Verstand zu erklären sind, in denen eine höhere Macht eingreift und dem Guten – auch wenn es mit dem Tod bezahlt werden muß – zum Sieg verhilft. Im Märchen wird der Sieg des Guten über das Böse mit Hilfe von Symbolfiguren gestaltet, in den Heiligenlegenden sind es Individuen, denen ‚das Wunder‘ geschieht. Und es ist kein Zufälliges, sondern gehört zu ihrem Charakter. So wird die Legende auch zu einem Teil der Biographie, ist zu deren Verständnis notwendig, ist die eigentliche Wahrheit. Was wäre Franz von Assisi ohne die Legenden, die über ihn erzählt wurden? Oder man denke an Christophorus, der im Gegensatz zu Franz nicht fasten mag und auch nicht beten kann. Er braucht die körperliche Kraft, um seine ihm vom Schicksal zugewiesene Aufgabe zu erfüllen.

Heiligkeit ist keiner sozialen Schicht vorbehalten, ist auch keine Frage der Bildung. Der einfache Bauer Isidor oder die Prinzessin Elisabeth sind gleichermaßen auserwählt. Was sie unsterblich macht, sind aber nicht die Tatsachen aus ihrem Leben, sondern die Legenden. Den schönsten unter ihnen hat auch die Zeit nichts von ihrer Frische genommen. Sie erzählen von jenen Erfahrungen, die allen gesellschaftlichen Veränderungen zum Trotz das Wesen des Menschen ausmachen.

‚Heilig‘ heißt nicht fehlerlos, sondern ‚Gott gehörig‘. Das Beispielhafte an den Heiligen ist also nicht ihre unerreichbare Vollkommenheit, sondern ihr Bemühen, mit Schwächen, Versuchungen und Widersprüchen fertigzuwerden. Schwach ist nicht wer sündigt, sondern wer das Vertrauen auf Gott verliert. Die Belohnung für dieses Vertrauen ist das Wunder.

Wer sich mit dem Leben der Heiligen beschäftigt, wird nicht nur ihren unerschütterlichen Glauben, sondern auch ihren Mut bewundern, den Mächtigen, oft auch innerhalb der eigenen Glaubensgemeinschaft, Widerstand zu leisten und Ungerechtigkeit zu bekämpfen. Es ist das, was sie aktuell macht und uns auch heute noch bewegt.

Die hier vorliegende Auswahl beschränkt sich auf überliefertes christliches Legendengut. Sie ist keine zufällige. Es ging mir vor allem darum, Vielfalt aufzuzeigen. So reicht der zeitliche Bogen von Matthias dem Apostel bis zu Maximilian Kolbe. Odilio Lechner, Abt von St. Bonifaz, nennt das sich Beschäftigen mit den Heiligen mit Recht „eine Reise zu vielen Menschen, zu ihren Bildern, zu mannigfachen Orten der Erde, eine Reise durch verschiedene Zeiten der Geschichte".

Die Kindheit ist der Grundstein für das ganze Leben. Ein Teil dieses Grundsteins sind Geschichten, Märchen und Legenden. Kinder sind auf eine natürliche Art imstande, Märchen und Legenden zu verstehen und zu verarbeiten. Sie spüren, daß sie mittels Bildern und Symbolen eine Antwort auf eine unbewußte, aber wichtige Frage bekommen: Wer bin ich eigentlich?

Wie die Märchen und Sagen, sind Legenden Volkserzählungen zum täglichen Gebrauch im Lauf des Jahres. In der Art des Erzählens, der Freiheit des Weglassens oder des Hinzufügens spiegeln sich Ort und Zeit, nicht zuletzt auch die Persönlichkeit des Erzählers oder der Erzählerin.

Heilige werden dem Kind oft als Vorbild hingestellt. Wer das ohne erhobenen Zeigefinger und ohne zu moralisieren tut, braucht sich nicht zu schämen. Auch heute scheint es mir keine Schande zu sein, Kinder zu lehren, daß Aufrichtigkeit, Erbarmen mit den Hilflosen, Toleranz und Treue zu einer Sache weder verachtenswerte noch veraltete Tugenden sind. Wie das Märchen gehören auch die Legenden zu den Geschichten, die dem Kind helfen, sich selbst kennenzulernen, die ihm Mut und Vertrauen in die eigenen Kräfte geben. Darüber hinaus sind sie eine allen verständliche Glaubensbotschaft. Sie darf aber nicht dazu mißbraucht werden, eine Religion den andern in Konkurrenz gegenüberzustellen. Toleranz ist notwendiger denn eh und je.

Gott hat viele Namen.

Jacobus a Voragine. Legenden von Heiligen und Märtyrern. – Der zusätzliche Titel ‚Legenda aurea‘ (Goldende Legende) wurde dem Werk später beigefügt. Es entstand in der zweiten Hälfte des 13. Jahrhunderts; es ist in einem einfachen mittelalterlichen Latein verfaßt.

Bitschnau, Otto P., Das Leben der Heiligen Gottes nach den besten Quellen bearbeitet. Verlagsanstalt Benziger, Einsiedeln 1880.

Keller, Hiltgart L., Reclams Lexikon der Heiligen und der biblischen Gestalten. Verlag Philipp Reclam Jun., Stuttgart ³1975.

Melchers, Erna und Hans, Das große Buch der Heiligen. Südwest Verlag, München 1978.

Joss, Erich und Kirchhoff, Hermann, Ein Hauch vom Paradies. Tierlegenden aus zwei Jahrtausenden. Verlag Herder, Freiburg 1986.

Klein, Diethard H., Das große Hausbuch der Heiligen. Verlag Pattloch, Aschaffenburg 1988.

Erb, Jörg. Die Wolke der Zeugen. Bd. 1–3. Johannes Stauda Verlag, Kassel 1951–1958.

Bücher von Max Bolliger

Max Bolliger/Georges Lemoine

Das Buch der Schöpfung

„Zwei Hirten in der Wüste Palästinas, der Vater erzählt seinem Sohn von der Erschaffung der Welt. Meisterlich in zarten Farben bebildert, ist dieses Buch keineswegs vereinfachend. Viel ist da zu hören von der Verantwortung des Menschen für die Natur, von seiner Gier, aber auch von der Macht der Liebe" (Die Presse).
Ausgezeichnet mit den Katholischen Kinderbuchpreis. Preisgekrönt auf der Kinderbuchmesse in Bologna. Ab 8 Jahren.
4. Auflage 1992. 48 Seiten mit 28 farbigen Illustrationen, gebunden. ISBN 3-451-21349-4

Max Bolliger

Euer Bruder Franz

Aus dem Leben des Franz von Assisi

„Die spannende Geschichte eines außergewöhnlichen Menschen: Bolligers berühmt gewordenes Kinder- und Jugendbuch, mit dem Katholischen Kinderbuchpreis ausgezeichnet" (Kirche und Leben). Ab 8 Jahren.
4. Auflage 1991. 123 Seiten, gebunden. ISBN 3-451-20847-4

Max Bolliger

Ein Sommer mit dreizehn

und andere Erzählungen

Hautnah erzählt Max Bolliger vom Leben heutiger Jugendlicher: von Hoffnungen und Enttäuschungen, Ungewohntem und Alltäglichem, von Konflikten und dem Mut, sie durchzustehen. Geschichten, so aufregend wie das Leben selbst. Zum Teil bereits verfilmt. Ab 12 Jahren.
1992. 129 Seiten, gebunden. ISBN 3-451-22438-0

Verlag Herder Freiburg · Basel · Wien